עשרה נתיבים אל ה'

הרב יונתן זקס

עשרה נתיבים אל ה'

בתוך מרוץ החיים למצוא קרבת אלוהים

מאנגלית: אמנון בזק

Rabbi Jonathan Sacks
Ten Paths to God

הרב יונתן זקס
עשרה נתיבים אל ה׳: בתוך מרוץ החיים למצוא קרבת אלוהים

עורך אחראי: ראובן ציגלר
עורכת ראשית: אוריה מבורך
עורכת משנה: אפרת גרוס
עריכה לשונית: שרה המר
הגהה: דוד ברוקנר
עימוד: רינה בן גל
תמונת עטיפה: שמואל לעסרי

ספרי מגיד, הוצאת קורן
ת״ד 4044 ירושלים 9104001
טל׳: 02-6330530 פקס: 02-6330534

office@korenpub.com
www.korenpub.co.il

מסת״ב ISBN 978-965-526-382-4

נדפס בישראל Printed in Israel 2024

שַׂמֵּחַ תְּשַׂמַּח רֵעִים הָאֲהוּבִים

מוקדש לכבוד נישואי

איילת גיטלר עם **אלעזר אטלס**

"מורשת הרב זקס" מנציחה את תורתו של הרב יונתן זקס כמלמד תורה, מנהיג של מנהיגים וקול מוסרי. בקרו בארכיון הדיגיטלי שלנו כדי ללמוד מהכתבים, השידורים והנאומים של הרב: www.rabbisacks.org.

עקבו אחרינו במדיה החברתית: RabbiSacksIL@

תוכן העניינים

פתיחה

כל אדם מוצא את עצמו בשלב מסוים בחייו שואל שלוש שאלות בסיסיות: מי אני? מדוע אני כאן? כיצד עליי לחיות?

בין אם אנו מאמינים ובין אם לא, שאלות אלו הן שאלות דתיות. המדע יכול ללמד אותנו כיצד התחילו החיים, אך הוא לעולם לא יוכל לומר לנו לשם מה נועדו. אנתרופולוגיה יכולה לספר לנו על הדרכים השונות שבהן אנשים חיו, אבל היא לא תוכל להשיב על השאלה כיצד עלינו לחיות את חיינו. לימודי כלכלה ומנהל עסקים יכולים ללמד כיצד להגיע לעושר, אך הם לא יוכלו ללמד אותנו מה לעשות בעושר שנצליח להשיג.

מדעי הטבע ומדעי החברה יכולים לענות על השאלה איך, אך לא על השאלה למה. שאלת ה'למה' מבקשת מאיתנו להרים את עינינו מעבר למבט המיידי, בחיפוש אחרי הנצחי. השם שאנו נותנים לנצח הנצחים הוא – אלוהים. החיפוש אחרי המשמעות הוא החיפוש הדתי.

אלוהים תמיד קרוב אלינו, אך אנחנו לא תמיד קרובים לאלוהים. איך, אם כן, נוכל להתקרב אליו? על ידי חיים יהודיים. "נעשה ונשמע" אמרו אבותינו בהר סיני: קודם נעשה, ואחר כך נבין

למה. כך הדבר בכל ענייני הרוח. אנחנו לומדים לאהוב מוזיקה על ידי האזנה למוזיקה. אנחנו לומדים להיות בעלי מידות טובות על ידי עשיית מעשים טובים. "אחרי המעשים נמשכים הלבבות". אל לנו לצפות להפוך להיות בעלי אמונה או למצוא את האל בכך שנחכה שהוא ימצא אותנו. עלינו להתחיל את המסע, ואז, האל ימצא אותנו בחצי הדרך.

ישנן דרכים רבות למצוא את אלוהים, נתיבים רבים לנוכחות השכינה. בקובץ זה בחרתי את עשרת הנתיבים החשובים ביותר. הנתיב הראשון הוא **הזהות**: נולדנו למשפחה שיש לה היסטוריה. מי אנחנו? לאיזה סיפור אנחנו שייכים?

הנתיב השני הוא **תפילה**, הדרך הישירה ביותר שבה אנו מנסים להגיע אל ה'. הנתיב השלישי הוא **לימוד**, הפעולה הגבוהה ביותר ביהדות, שעליה אמרו חז"ל שהיא חשובה אפילו מן התפילה. הנתיב הרביעי הוא **מצוות**, הדרך של ציוויים והוראות. בתפילה אנו מוצאים את ה' על ידי דיבור; בלימוד אנו מוצאים את ה' על ידי הקשבה, ובמצוות אנו מוצאים את ה' על ידי מעשים.

לאחר מכן מגיעות שלוש התכונות החשובות ביותר של האופי היהודי: **צדקה** – אהבה כצדק; **חסד** – אהבה כחמלה, **ואמונה** – אהבה כנאמנות. היהדות היא דת של אהבה, לא אהבה מיסטית, מחוץ לחיי העולם הזה, המרחפת מעל

העולם והמותירה את פגמיו כפי שהם, אלא אהבה המחוברת לעולם, המנסה – פעולה אחת בזמנה, יום אחד בזמנו, חיים בזמנם – להפוך את העולם לאכזרי מעט פחות ולמעט יותר אנושי.

לסיום, מגיעים שלושת הביטויים הגדולים ביותר של היהדות: **ארץ ישראל** – המקום היחיד על פני הארץ שבו ליהודים יש הזדמנות לעשות את מה שכל שאר האומות מקבלות כמובן מאליו, כלומר הזכות לשלטון עצמי וליצירת חברה החיה על פי אמונותיה; **קידוש השם** – קידוש שמו של האל בעולם על ידי פעילות כנציגיו של ה'; ולבסוף – **אחריות יהודית**, הרעיון שאנו שותפים עם ה' במעשה הבריאה, ויש תפקיד לכל אחד מאיתנו בתקופה המתוחה והמורכבת שבה אנו חיים.

אין זה ספר המיועד לקריאה ברצף דווקא. זהו קובץ של פרקים, שכל אחד מהם יכול להיות נקודת פתיחה להתבוננות אישית המתעצבת על ידי שאלות, כגון: כיצד דברים אלו נוגעים אליי? כיצד ניתן לפעול בנושא בשנה הקרובה? חלק מהנושאים לא ידברו אל חלק מן הקוראים, חלקם כן. שהרי מספר הדרכים להגיע לנוכחות השכינה הוא כמספר היהודים, כפי שציין רבי נחמן מברסלב. או כפי שאנסח זאת אני: כש'מה אנו רוצים לעשות' נפגש עם 'מה צריך להיעשות', זהו המקום שבו ה' רוצה שנהיה בו.

ישנם הרבה נתיבים לאלוהים. אין זה משנה איפה נתחיל, כל עוד נתחיל. חיים יהודיים הם היקפו של עיגול, שבמרכזו נמצא האל. זהו המקום שבו אנו נפגשים, תהא נקודת הפתיחה שלנו אשר תהא.

גם אם נזכה להאריך ימים, החיים הם קצרים, קצרים מדי. כל יום משמעותי. כל יום שבו לא עשינו מעשה טוב, שלא צעדנו צעד כלשהו לכיוון האל , שלא פעלנו לשינוי כלשהו בעולם – הוא יום מבוזבז, וימינו על פני האדמה מעטים מכדי לבזבז אפילו אחד.

יונתן זקס

פרק ראשון
נתיב הזהות: להיות יהודי

באופן ייחודי, יהודים נולדים לתוך אמונה. היא בחרה בנו לפני שאנו בחרנו בה. מבחינה פיזית אנו באים לעולם עירומים, אולם מבחינה רוחנית אנו באים עם מתנה: הסיפור של העבר שלנו, של הורינו ושל הורי הורינו לאורך ארבעת אלפים שנה, מאותו היום שבו אברהם ושרה שמעו לראשונה את קולו של ה׳ והחלו את מסעם לארץ, להבטחה, לייעוד ולשליחות. הסיפור הזה הוא שלנו.

זה סיפור יוצא דופן ונוגע ללב. הוא מספר כיצד משפחה, שהפכה בהמשך לשבטים, שהפכו בהמשך לעם, נקראו להיות שליחיו של ה׳ בארץ. השליחות שלהם הייתה לבנות חברה שונה וייחודית, שאינה מבוססת על עושר וכוח, אלא על צדק וחמלה, על כבודו של הפרט ועל קדושת חיי האדם. חברה שתכבד את העולם כיצירתו של ה׳, ואת האדם כנברא בצלם אלוהים.

זו הייתה ועודנה משימה תובענית, אולם היהדות נותרת דת מציאותית. הנחת היסוד מלכתחילה הייתה ששינוי העולם יימשך דורות רבים – ומכאן החשיבות של העברת הערכים שלנו אל הדורות הבאים. המשימה דורשת כישרונות רבים, יכולות רבות – ומכאן החשיבות של היהודים כעם. לאיש מאיתנו אין כל הכישרונות הדרושים, אך לכל אחד מאיתנו יש חלק. כולנו נחשבים; לכל אחד מאיתנו יש תרומה מיוחדת שהוא יכול

להוסיף. אנו עומדים לפני האל כאומה, כל אחד נותן משהו, כל אחד מורם בזכות התרומות של האחרים.

וכן, לעיתים אנו נופלים או מאכזבים – ומכאן החשיבות של התשובה, ההתנצלות, הסליחה, ההתמסרות מחדש. היהדות גדולה מכל אחד מאיתנו, ועם זאת, היא נעשית על ידי כולנו. ואף על פי שהיהודים הם עם קטן, כיום פחות מחמישית האחוז מכלל אוכלוסיית העולם, הם תרמו לתרבות האנושית ללא כל פרופורציה למספרם בעולם.

מי אנחנו, ומה נקראנו לעשות?

* * *

בראשית: הקריאה

וַיֹּאמֶר ה' אֶל אַבְרָם לֶךְ לְךָ מֵאַרְצְךָ וּמִמּוֹלַדְתְּךָ וּמִבֵּית אָבִיךָ אֶל הָאָרֶץ אֲשֶׁר אַרְאֶךָּ. וְאֶעֶשְׂךָ לְגוֹי גָּדוֹל וַאֲבָרֶכְךָ וַאֲגַדְּלָה שְׁמֶךָ וֶהְיֵה בְּרָכָה. וַאֲבָרֲכָה מְבָרְכֶיךָ וּמְקַלֶּלְךָ אָאֹר וְנִבְרְכוּ בְךָ כֹּל מִשְׁפְּחֹת הָאֲדָמָה. (בראשית יב, א–ג)

בראשית: דרך ה'

וְאַבְרָהָם הָיוֹ יִהְיֶה לְגוֹי גָּדוֹל וְעָצוּם וְנִבְרְכוּ בוֹ כֹּל גּוֹיֵי הָאָרֶץ.

כִּי יְדַעְתִּיו לְמַעַן אֲשֶׁר יְצַוֶּה אֶת בָּנָיו וְאֶת בֵּיתוֹ אַחֲרָיו וְשָׁמְרוּ דֶּרֶךְ ה' לַעֲשׂוֹת צְדָקָה וּמִשְׁפָּט לְמַעַן הָבִיא ה' עַל אַבְרָהָם אֵת אֲשֶׁר דִּבֶּר עָלָיו. (בראשית יח, יח–כ)

הברית בסיני: גוי קדוש

אַתֶּם רְאִיתֶם אֲשֶׁר עָשִׂיתִי לְמִצְרָיִם וָאֶשָּׂא אֶתְכֶם עַל כַּנְפֵי נְשָׁרִים וָאָבִא אֶתְכֶם אֵלָי. וְעַתָּה אִם שָׁמוֹעַ תִּשְׁמְעוּ בְּקֹלִי וּשְׁמַרְתֶּם אֶת בְּרִיתִי וִהְיִיתֶם לִי סְגֻלָּה מִכָּל הָעַמִּים כִּי לִי כָּל הָאָרֶץ. וְאַתֶּם תִּהְיוּ לִי מַמְלֶכֶת כֹּהֲנִים וְגוֹי קָדוֹשׁ אֵלֶּה הַדְּבָרִים אֲשֶׁר תְּדַבֵּר אֶל בְּנֵי יִשְׂרָאֵל.

(שמות יט, ד–ז)

משה: אומה עם היסטוריה

כִּי שְׁאַל נָא לְיָמִים רִאשֹׁנִים אֲשֶׁר הָיוּ לְפָנֶיךָ לְמִן הַיּוֹם אֲשֶׁר בָּרָא אֱלֹהִים אָדָם עַל הָאָרֶץ וּלְמִקְצֵה הַשָּׁמַיִם וְעַד קְצֵה הַשָּׁמָיִם וְהֲנִהְיָה כַּדָּבָר הַגָּדוֹל הַזֶּה אוֹ הֲנִשְׁמַע כָּמֹהוּ. הֲשָׁמַע עָם קוֹל אֱלֹהִים מְדַבֵּר מִתּוֹךְ הָאֵשׁ כַּאֲשֶׁר שָׁמַעְתָּ אַתָּה וַיֶּחִי. אוֹ הֲנִסָּה אֱלֹהִים לָבוֹא לָקַחַת לוֹ גוֹי מִקֶּרֶב גּוֹי בְּמַסֹּת בְּאֹתֹת וּבְמוֹפְתִים וּבְמִלְחָמָה וּבְיָד חֲזָקָה וּבִזְרוֹעַ נְטוּיָה וּבְמוֹרָאִים גְּדֹלִים כְּכֹל אֲשֶׁר עָשָׂה לָכֶם ה' אֱלֹהֵיכֶם בְּמִצְרַיִם לְעֵינֶיךָ.

(דברים ד, לב–לד)

ישעיהו: אור לגויים

אֲנִי ה' קְרָאתִיךָ בְצֶדֶק וְאַחְזֵק בְּיָדֶךָ וְאֶצָּרְךָ וְאֶתֶּנְךָ לִבְרִית עָם לְאוֹר גּוֹיִם. לִפְקֹחַ עֵינַיִם עִוְרוֹת לְהוֹצִיא מִמַּסְגֵּר אַסִּיר מִבֵּית כֶּלֶא יֹשְׁבֵי חֹשֶׁךְ.

(ישעיהו מב, ו–ח)

עפר וכוכבים

כִּי בָרֵךְ אֲבָרֶכְךָ וְהַרְבָּה אַרְבֶּה אֶת זַרְעֲךָ כְּכוֹכְבֵי הַשָּׁמַיִם וְכַחוֹל אֲשֶׁר עַל שְׂפַת הַיָּם.

(בראשית כב, יז)

אומה זו משולה לעפר ומשולה לכוכבים. כשהן יורדין – יורדין עד עפר, וכשהן עולין – עולין עד לכוכבים.

(מגילה טז ע"א)

"וְשַׂמְתִּי אֶת זַרְעֲךָ כַּעֲפַר הָאָרֶץ" (בראשית יג, טז). מה עפר הארץ מסוף העולם ועד סופו, כך בניך יהיו מפוזרים מסוף העולם ועד סופו... ומה עפר מבלה את כלי מתכות והוא קיים לעולם, כך ישראל כל עובדי כוכבים בטלים והם קיימים. ומה עפר עשויה דַּיִשׁ, אף בניך עשויין דַּיִשׁ לעובדי כוכבים.

(בראשית רבה פרשת לך לך פרשה מא, ט)

שמן

לְרֵיחַ שְׁמָנֶיךָ טוֹבִים שֶׁמֶן תּוּרַק שְׁמֶךָ.

(שיר השירים א, ג)

מה השמן הזה מביא אורה לעולם, כך ישראל אורה לעולם, שנאמר "וְהָלְכוּ גוֹיִם לְאוֹרֵךְ" (ישעיהו ס, ג).

(שיר השירים רבה פרשה א)

רבי סעדיה גאון: אומה בתורותיה

אומתנו איננה אומה כי אם בתורותיה.

(**ספר האמונות והדעות** מאמר ג)

רבי יהודה הלוי: הלב באיברים

כי ישראל באומות הם בבחינת הלב באיברים.

(**ספר הכוזרי** מאמר ב, לו)

נאמנות לה'

בלי ממשלה, בלי גאון, בלי יקר וחמדה, בלי מעשה אנוש ותחבולותיו, האמונה באל יחיד היתה שבטו ומשענתו סלה, והיא נטלה ונשאה אותו...

מדינות וממלכות מסביב לו, אשר בכחן וגבורתן ושיא תפארתן עשו להן שם בעולם, נשמדו מתחת שמי ה' – וישראל עם קטן ודל בלי גאון וגובה נשאר חי וקיים בתבל ארצה על ידי אמונתו בה' ותורתו.

(הרב שמשון רפאל הירש, **אגרות צפון** ט, י)

תקווה בכישלון

ייאוש וכניעה לא היו מנת חלקו של איש הברית שמצא את הניצחון במפלה, את התקווה בכישלון, ואשר לא היה יכול להחביא את דבר ה' שהיה לו, כדברי ירמיהו, עצור בעצמותיו וכאש בוערת בלבו.

(הרב יוסף דוב סולוביצ'יק,
איש האמונה הבודד, עמ' 60)

האדרתו של הגזע האנושי

המרדף אחר הידע לשם עצמו, אהבה כמעט פנאטית לצדק, והשאיפה לעצמאות אישית – אלו הם המאפיינים של המסורת היהודית הגורמים לי להודות לכוכבים שלי שאני שייך אליה.

(אלברט איינשטיין, *As I See It*, עמ' 103)

גדולים יותר מן המספרים שלנו

כל אחד מאיתנו היהודים יודע עד כמה הוא רגיל לחלוטין, ועדיין, כשלוקחים את כולם יחד, נראה שהשלמנו פערים בדברים גדולים באופן שלא ניתן להסביר אותו... מספר היהודים בעולם קטן מטעות סטטיסטית קטנה במפקד האוכלוסין הסיני. עם זאת, אנו נשארים גדולים מן המספרים שלנו. דברים גדולים מתרחשים סביבנו וכלפינו.

(מילטון הימלפרב, *Jews and Gentiles*,
עמ' 141–142)

מבט כלפי חוץ

הפכנו להיות יותר מדי בעלי מבט כלפי פנים, כשהאופקים שלנו במידה רבה מוגבלים בתוך חומות הגטו שהקמנו לעצמנו כדי להפריד אותנו משאר האנשים שלנו ומן החברה האנושית מעבר... מוטרדים מן הבעיות הבוערות של ההישרדות שלנו, איבדנו את ההסתכלות על המשימה שלנו כאור לגויים.

(הרב לורד יעקובוביץ, *The Timely and the Timeless*,
עמ' 96–97)

מחדשים את העולם

במשך ארבעת אלפים שנים, יהודים אחזו בעקשנות באמונה שיועדה לנו שליחות מקודשת: לקדש את החיים על ידי היותנו שליחים לעולם, שיותר מדי פעמים סגד לצורות הרבות של מה שניטשה קרא 'הרצון לכוח'. אנו נקראנו לכתוב סיפור אחר, המספר את יופייה של הקדושה ואת הקריאה לחמלה. "לאלף את פראיות האדם, ולעדן את החיים בעולם הזה" (אייסכילוס).

היהדות מעמידה במרכז שאיפותיה כמה מן הציוויים הקדושים המרפאים ביותר: החשיבות של אהבה ונאמנות; הנישואין והקשרים הקדושים שבין בעל ואישה ובין הורים וילדים; חינוך וחיי הרוח; צדק, הגינות ושלטון החוק; חמלה, צדקה וכבוד האדם; קשרי השייכות והקהילה; זיכרון, היסטוריה ותקווה בלתי נגמרת. אנו מחפשים את ה' לא רק בשמיים הרחוקים או עמוק בנבכי הנפש, אלא בחיים הפשוטים, עם ההנאות והכאבים, הפחדים והתקוות, המאבקים והנחמות. היהדות מאמינה לא בנטישת הארץ למען השמיים, אלא בהורדת רסיסים מן השמיים אל הארץ, על ידי מעשים פשוטים וחגיגיים.

משום ששם הוא המקום שבו נמצא ה'. לא בעושר, בכוח, בתהילה, בהצלחה, או כל גורם אחר מהתחליפים האינסופיים לחיים, ועל אחת כמה וכמה לא באלימות ובפחד; אלא בחיים עצמם: לחיות, לנשום (מלשון 'נשמה'), לאהוב, לתת, להקדיש תשומת לב, להתפלל, להלל, להודות, לנצח אסונות בשם התקווה ולנצח מוות בשם החיים.

המטרה שלנו היא להיות נאמנים לאמונתנו וברכה לאחרים: ברכה לאחרים בגלל שאנחנו נאמנים לאמונה שלנו. להיות יהודי משמעו להביא גאולה, יום אחד בזמנו, פעולה אחת בעיתה. כל מצווה, כל מילה טובה או מעשה טוב, כל פעולה של שיתוף מה שיש לנו עם אחרים, מביאים את נוכחות השכינה לתוך העולם. על ידי זיהוי צלם אלוהים באנשים אחרים, אנו מסייעים לחדש את העולם בצלם אלוהים.

(הרב יונתן זקס)

תפילה

ריבונו של עולם, עזור לי להגשים את הייעוד של עמי, כממשיך של הברית שכרתו אבותינו עימך בסיני. יהי רצון שאכבד את עברו של עמי ואוכל לסייע לבנות את עתידו.

פרק שני

נתיב התפילה: לדבר אל ה'

התפילה היא הדיאלוג האינטימי שלנו עם האינסוף, הביטוי העמוק ביותר של האמונה שלנו שיש נוכחות הדואגת לנו, אל שמקשיב, כוח יוצר שהביא אותנו לקיומנו באהבה. אמונה זו, יותר מכל אחרת, היא שגואלת את החיים מבדידות ואת הגורל מאסון. ליקום יש מטרה. לנו יש מטרה. קטנים ככל שנהיה, קצרה ככל שתהיה נוכחותנו על פני הארץ – אנחנו משמעותיים. היקום הוא יותר מאשר חלקיקים של חומר המסתובבים באדישות בחלל האינסופי. בני האדם הם יותר מאשר צירוף מקרי של גנים המשכפלים את עצמם באופן עיוור. חיי האדם הם יותר מאשר "סיפור המסופר בידי טיפש, מלא בקולות ובזעם, ללא כל משמעות" (ויליאם שייקספיר, **מקבת**). התפילה מעניקה משמעות לקיום.

אפשר להאמין אחרת. יכולים להיות חיים ללא אמונה או תפילה, ממש כפי שיכולים להיות חיים ללא אהבה או צחוק או שמחה או תקווה. אבל אלו הם חיים מצומצמים, חסרי ממד של עומק או השראה. דקארט אמר: "אני חושב, משמע אני קיים". היהדות אומרת: "אני מתפלל, משמע אני לא לבד".

אמונה דורשת אומץ. ליהודים אין צורך בהוכחה כלשהי לחוסר הצדק הגלוי לעין של המאורעות. זה כתוב בדפי ההיסטוריה שלנו. ליהודים לא היה כל כוח או כבוד ארצי. בחלק העיקרי של

ארבעת אלפים השנים האחרונות היהודים חיו מפוזרים בכל קצווי תבל, ללא בית, ללא זכויות, ופעמים רבות מדי חוו רדיפות וכאב. כל שהיה להם היה אל בלתי נראה, והחוט המקשר אותנו אליו: הסידור, מילות התפילה. כל מה שהיה להם היה האמונה. וביהדות, אנו לא מנתחים את האמונה שלנו, אנו מתפללים אותה. אנו לא מתפלספים על האמת: אנחנו שרים אותה ומתפללים אותה. עבור היהדות, אמונה הופכת למעשית כאשר היא הופכת לתפילה.

בתפילה אנו מדברים לנוכחות גדולה יותר מן היקום שגודלו לא ניתן לשיעור, ועם זאת היא קרובה אלינו יותר מכפי שאנו קרובים לעצמנו: האל שמעבר הוא גם הקול שמבפנים. אף על פי שהשפה לא תוכל לתאר נוכחות שהיא מעבר לכל מאפייני הדיבור, עדיין השפה היא כל מה שיש לנו, והיא אכן מספיקה – משום שהאל שברא את העולם באמצעות מילים יוצרות, וגילה את רצונו במילים קדושות, שומע את מילות התפילה שלנו. השפה היא הגשר המקשר בינינו לבין האינסופי.

בתפילה ה' הופך להיות לא תיאוריה אלא נוכחות, לא עובדה אלא דגם של מערכת יחסים. תפילה היא המקום שבו ה' פוגש אותנו, בתוך הלב האנושי, בהקרבתנו את המילים, בחשיפת הפגיעות הידועה שלנו.

* * *

תפילתו של רבי אלעזר: אהבה ואחוה

יהי רצון מלפניך ה' אלהינו שתשכן בפורינו [=בגורלנו; רש"י] אהבה ואחוה ושלום וריעות, ותרבה גבולנו בתלמידים, ותצליח סופנו אחרית ותקוה, ותשים חלקנו בגן עדן, ותקננו בחבר טוב ויצר טוב בעולמך, ונשכים ונמצא יחול לבבנו ליראה את שמך. (ברכות טז ע"ב)

רבי יהודה הלוי: אנה אמצאך?

יָ־הּ, אָנָה אֶמְצָאֲךָ? / מְקוֹמְךָ נַעֲלָה וְנֶעְלָם!
וְאָנָה לֹא אֶמְצָאֲךָ? / כְּבוֹדְךָ מָלֵא עוֹלָם!
דָּרַשְׁתִּי קִרְבָתְךָ / בְּכָל לִבִּי קְרָאתִיךָ,
וּבְצֵאתִי לִקְרָאתְךָ / לִקְרָאתִי מְצָאתִיךָ.
(רבי יהודה הלוי, י־ה אנה אמצאך)

רבי שלמה אבן גבירול: טרם היותי

טֶרֶם הֱיוֹתִי חַסְדְּךָ בָאָנִי
הַשָּׂם לְיֵשׁ אַיִן וְהִמְצִיאָנִי
מִי הוּא אֲשֶׁר רָקַם תְּמוּנָתִי?
וּמִי עָצְמִי בְּכוּר יָצַק וְהִקְפִּיאָנִי?
מִי הוּא אֲשֶׁר נָפַח נְשָׁמָה בִי?

וּמִי בֶטֶן שְׁאוֹל פָּתַח וְהוֹצִיאָנִי?
מִי נְהֲגַנִי מִנְּעוּרַי עַד הֲלֹם?
מִי לִמְּדַנִי בִין וְהִפְלִיאָנִי?
אָמְנָם אֲנִי חֹמֶר בְּקֶרֶב יָדְךָ אַתָּה עֲשִׂיתַנִי,
אֱמֶת, לֹא אָנִי.
אוֹדֶה עֲלֵי פִשְׁעִי וְלֹא אֹמַר לְךָ
כִּי הֶעֱרִים נָחָשׁ וְהִשִּׁיאַנִי.
אֵיכָה אֲכַחֵד מִמְּךָ חֶטְאִי?
הֲלֹא טֶרֶם הֱיוֹתִי חַסְדְּךָ בָאָנִי.
(רבי שלמה אבן גבירול, טרם היותי)

רבי אלעזר אזכרי: בלבבי משכן אבנה

בִּלְבָבִי מִשְׁכָּן אֶבְנֶה לַהֲדַר כְּבוֹדוֹ
וּבַמִּשְׁכָּן מִזְבֵּחַ אָקִים לְקַרְנֵי הוֹדוֹ
וּלְנֵר תָּמִיד אֶקַּח לִי אֶת אֵשׁ הָעֲקֵדָה
וּלְקָרְבָּן אַקְרִיב לוֹ אֶת נַפְשִׁי הַיְחִידָה.
(הרב יצחק הוטנר, על פי פיוטו של רבי אלעזר אזכרי)

אדון השלום, מלך שהשלום שלו

אֲדוֹן הַשָּׁלוֹם, מֶלֶךְ שֶׁהַשָּׁלוֹם שֶׁלּוֹ, עוֹשֶׂה שָׁלוֹם וּבוֹרֵא אֶת הַכֹּל. עָזְרֵנוּ וְהוֹשִׁיעֵנוּ כֻּלָּנוּ שֶׁנִּזְכֶּה תָמִיד לֶאֱחֹז בְּמִדַּת

הַשָּׁלוֹם, וְיִהְיֶה שָׁלוֹם גָּדוֹל בֶּאֱמֶת בֵּין כָּל אָדָם לַחֲבֵרוֹ וּבֵין אִישׁ וְאִשְׁתּוֹ, וְלֹא יִהְיֶה שׁוּם מַחֲלֹקֶת אֲפִלּוּ בָּלֵב, בֵּין כָּל בְּנֵי אָדָם.

כִּי אַתָּה עוֹשֶׂה שָׁלוֹם בִּמְרוֹמֶךָ, וְאַתָּה מְחַבֵּר שְׁנֵי הֲפָכִים יַחַד, אֵשׁ וּמַיִם, וּבְנִפְלְאוֹתֶיךָ הָעֲצוּמִים אַתָּה עוֹשֶׂה שָׁלוֹם בֵּינֵיהֶם. כֵּן תַּמְשִׁיךְ שָׁלוֹם גָּדוֹל עָלֵינוּ וְעַל כָּל הָעוֹלָם כֻּלּוֹ, בְּאֹפֶן שֶׁיִּתְחַבְּרוּ כָּל הַהֲפָכִים יַחַד בְּשָׁלוֹם גָּדוֹל וּבְאַהֲבָה גְּדוֹלָה, וְיִכְלְלוּ כֻּלָּם בְּדֵעָה אַחַת וְלֵב אֶחָד לְהִתְקָרֵב אֵלֶיךָ וּלְתוֹרָתְךָ בֶּאֱמֶת, וְיֵעָשׂוּ כֻּלָּם אֲגֻדָּה אֶחָת לַעֲשׂוֹת רְצוֹנְךָ בְּלֵבָב שָׁלֵם.

ה' שָׁלוֹם, בָּרְכֵנוּ בַשָּׁלוֹם.

(רבי נתן, תלמידו של רבי נחמן מברסלב,
ליקוטי תפילות א, צה)

מנגינת המתפלל

יש אנשים שאינם מבינים את התפילה ואת השפעתה על הנפש. ה**בעל שם טוב** הסביר זאת על דרך המשל. הוא אמר: פעם היה מנגן, שניגן כל כך יפה, עד שכל מי ששמע אותו עצר והתחיל לרקוד. פעם אחת הגיע איש חירש. הוא ראה את כל האנשים רוקדים. הוא חשב שכולם משוגעים.

עבודה ותפילה

רבי נחמן מקוסוב לימד שה' צריך להיות תמיד במחשבתנו. 'אבל כיצד?', שאל אחד החסידים, 'איך נוכל לחשוב על ה' גם כאשר אנחנו שקועים בעסקינו?'. הרבי ענה: 'אם אנחנו יכולים לחשוב על עסקים בזמן שאנחנו מתפללים, אנחנו יכולים גם לחשוב על תפילה בזמן שאנחנו בעסקים'.

שלום עליכם

רבי לוי יצחק מברדיצ'ב הלך לקראת קבוצה מחסידיו לאחר סיום התפילה ובירך אותם: 'שלום עליכם!'. החסידים התפלאו, ושאלו את הרבי מה הייתה כוונתו בברכה זו, שהרי הם לא הלכו לשום מקום. 'לא דיברתי אל הגוף שלכם', ענה הרבי, 'אלא אל הנפש שלכם. ראיתי שבזמן שהתפללתם חשבתם על דברים אחרים. הגוף שלכם נשאר כאן, אבל הנפש שוטטה בעולמות רחוקים. עכשיו, כשהנפש שלכם חזרה, אמרתי לנפשות שלכם: 'שלום עליכם''.

השראה

יום אחד, קבוצת תיירים מארצות הברית הגיעה לבית

כנסת בשכונת 'שערי חסד' בירושלים, שבו התפלל הגאון הרב שלמה זלמן אויערבך זצ"ל. אחד הילדים בקבוצה, בן תשע, עמד מאחורי הרב והתפלל תפילת שמונה עשרה כל כך לאט ובכוונה, עד שהרב לא היה יכול לפסוע שלוש פסיעות לאחור כשסיים את תפילתו, עד שהילד סיים. אחרי התפילה, אביו של הילד התנצל בפני הרב אויערבך על אי־הנוחות. 'להפך', ענה לו הרב, 'עליי להודות לבנך על ההשראה שהוא נתן בדבקות שלו בתפילה'.

(על פי חנוך טלר, *And from Jerusalem His Word*, עמ' 256–257)

התפילה המאוחדת עם הבריאה

כל ההוויה כולה למקור חייה היא עורגת, כל צמח וכל שיח, כל גרגר חול וכל רגב אדמה, כל אשר בו חיים נגלים וכל אשר בו חיים כמוסים, כל קטני היצירה וכל גדוליה, שַׁחֲקֵי מעל ושרפי קודש, כל הפרטיות שבכל יש וכל כללותו, הכול הומה, שואף, עורג ושוקק לחמדת שלמות מקורו העליון, החי, הקדוש, הטהור והכביר. והאדם סופג את כל השקיקות הללו בכל עת ובכל שעה, והוא מתרומם ומתעלה בתשוקות קודשו, ובא תור הגילוי לתשוקות רוממות אל אלה בתפילה, המכה גלי אורה, היוצאת

בחופש עוזה בהגיון שיח קודשה למרחבי אל. מרומם הוא האדם בתפילה את כל היצור, מאחד הוא עמו את כל היש, מעלה את הכל, מרומם את הכל למקור הברכה ומקור החיים.

(הרב אברהם יצחק הכהן קוק, **עולת ראיה**, התפילה המתמדת של הנשמה)

האם תפילה נענית?

האם תפילה נענית? אם האל הוא בלתי משתנה, איך אנחנו יכולים לשנות אותו על ידי דיבורנו? וגם אם נתעלם משאלה זו, מדוע בכלל עלינו להביע את בקשותינו? הרי ברור שה׳, בוחן כליות ולב, יודע מה הן בקשותינו אפילו לפני שאנחנו יודעים מה הן, גם ללא שאנו מביעים אותן במילים. מה שאנחנו מבקשים שיקרה, יכול להיות טוב או רע בעיני ה׳. אם הבקשה היא טובה, ה׳ יגשים אותה גם אם לא נתפלל עליה, ואם היא רעה, ה׳ לא יגשים אותה גם אם כן נתפלל עליה. מדוע אפוא יש טעם להתפלל?

התשובה היהודית הקלאסית היא פשוטה אך עמוקה. ללא כלי להכיל את הברכה, לא יכולה להיות ברכה. אם לא יהיה לנו כלי לאסוף לתוכו את טיפות הגשם, הגשם ימשיך לרדת אך אנחנו לא נוכל לשתות מים. אם לא יהיה

לנו מכשיר רדיו, גלי הקול ימשיכו לנוע באוויר, אך לא נוכל להפוך אותם לקולות שנוכל לשמוע. ברכות ה' זורמות בעולם ללא הרף, אבל אם לא נעשה את עצמנו כלי לקלוט אותן, הן יזרמו למקום אחר. תפילה היא המעשה שבו אנו הופכים את עצמנו להיות מרכבה לשכינה. התפילה משנה את העולם, משום שהיא משנה אותנו.

(הרב יונתן זקס, הקדמה לסידור התפילה)

תפילה

ריבונו של עולם, עזור לי להתפלל מתוך הלב. הקשיבה למילותיי, לתודותיי, לתקוותיי ולפחדיי. למד אותי לדבר בכנות ולהקשיב בתשומת לב.

פרק שלישי

נתיב הלימוד:
להקשיב לה'

היהודים הם 'עם הספר'. לימוד תורה הוא המצווה החשובה ביותר, והוא גם סוד ההמשך היהודי. בקריאת שמע אנו מצווים: "וְאָהַבְתָּ אֵת ה' אֱלֹהֶיךָ בְּכָל לְבָבְךָ וּבְכָל נַפְשְׁךָ וּבְכָל מְאֹדֶךָ" (דברים ו, ה), ומייד לאחר מכן נאמר: "וְהָיוּ הַדְּבָרִים הָאֵלֶּה אֲשֶׁר אָנֹכִי מְצַוְּךָ הַיּוֹם עַל לְבָבֶךָ. וְשִׁנַּנְתָּם לְבָנֶיךָ וְדִבַּרְתָּ בָּם בְּשִׁבְתְּךָ בְּבֵיתֶךָ וּבְלֶכְתְּךָ בַדֶּרֶךְ וּבְשָׁכְבְּךָ וּבְקוּמֶךָ" (שם, ו–ז). יהדות היא דת של חינוך.

בלימוד תורה יש קדושה אפילו יותר מאשר בתפילה, וזאת משום שבתפילה אנו מדברים אל ה', ואילו בלימוד אנו מקשיבים לה'. אנו שואפים להבין מה ה' רוצה מאיתנו. אנו מנסים לעשות רצוננו כרצונו. הדבר הקדוש ביותר הוא דבר ה'. התורה, שהיא דבר ה' לאבותינו, היא החוקה שלנו כאומה, ברית החירות שלנו, הקוד שבאמצעותו אנו מפענחים את המסתורין ואת המשמעות של החיים.

דברי התורה נמשכו לאורך אלף שנים, ממשה ועד מלאכי, מהנביא הראשון ועד האחרון. במשך אלף שנים נוספות, עד להשלמתו של התלמוד הבבלי, היהודים הוסיפו פירושים לספרי המקרא, ואלף שנים נוספות הם כתבו פירושים על הפירושים. מעולם לא היו יחסים עמוקים יותר בין עם ובין ספר. ביוון העתיקה, מופתעים מן התופעה של עם שלם המסור ללימוד, כינו את היהודים 'עם הפילוסופים'. ללא ספק, אנו נקראים להיות עם

של לומדים ומלמדים. ביהדות אנחנו לא רק לומדים כדי לחיות; אנו גם חיים כדי ללמוד. על ידי הלימוד אנו הופכים את התורה להיות מציאותית בשכלנו, כדי שהיא תוכל להפוך להיות מעשית בעולמנו.

* * *

מה אהבתי תורתך

מָה אָהַבְתִּי תוֹרָתֶךָ כָּל הַיּוֹם הִיא שִׂיחָתִי.
מַה נִּמְלְצוּ לְחִכִּי אִמְרָתֶךָ מִדְּבַשׁ לְפִי.
נֵר לְרַגְלִי דְבָרֶךָ וְאוֹר לִנְתִיבָתִי.
נָחַלְתִּי עֵדְוֹתֶיךָ לְעוֹלָם כִּי שְׂשׂוֹן לִבִּי הֵמָּה.
פֵּתַח דְּבָרֶיךָ יָאִיר מֵבִין פְּתָיִים.
צֶדֶק עֵדְוֹתֶיךָ לְעוֹלָם הֲבִינֵנִי וְאֶחְיֶה.
(תהילים קיט פסוקים צז, קג, קה, קיא, קל, קמד)

שלום בניך

וְכָל בָּנַיִךְ לִמּוּדֵי ה' וְרַב שְׁלוֹם בָּנָיִךְ.
(ישעיהו נד, יג)

עדותו של יוסף בן מתתיהו

אם יישאל מי מעמנו על המצוות שלנו, הוא יחזור עליהן

> באותה קלות שבה הוא זוכר את שמו. התוצאה של החינוך המעמיק במצוות שלנו משחר האינטליגנציה היא שהן כפי שהיו תמיד – חרוטות בנשמתנו.
>
> (יוסף בן מתתיהו, **נגד אפיון**, מאמר שני)

מערכת החינוך הכללית הראשונה בעולם

ה"ג וולס בספרו **דברי ימי עולם** ציין, ש'הדת היהודית, בשל היותה דת מבוססת ספרות, הובילה למאמצים הראשונים לספק חינוך בסיסי לכל ילדי הקהילה'. חינוך חובה כללי לא התקיים באנגליה עד 1870; הוא התקיים בעם ישראל שמונה עשרה מאות מוקדם יותר. הפִסקה התלמודית הבאה משמשת כהצצה היסטורית קטנה לאופן שבו התפתחה מערכת החינוך בעם היהודי:

> זכור אותו האיש לטוב ויהושע בן גמלא שמו, שאלמלא הוא נשתכח תורה מישראל; שבתחלה, מי שיש לו אב – מלמדו תורה, מי שאין לו אב – לא היה למד תורה... התקינו שיהו מושיבין מלמדי תינוקות בירושלים... ועדיין, מי שיש לו אב – היה מעלו ומלמדו, מי שאין לו אב – לא היה עולה ולמד. התקינו שיהו מושיבין בכל פלך ופלך. ומכניסין אותן כבן ט"ז כבן י"ז, ומי שהיה רבו כועס עליו – מבעיט בו ויצא. עד שבא יהושע בן גמלא ותיקן

שיהו מושיבין מלמדי תינוקות בכל מדינה ומדינה ובכל עיר ועיר, ומכניסין אותן כבן שש כבן שבע.

(בבא בתרא כא ע"א)

שלושת הכתרים

בשלשה כתרים נכתרו ישראל, כתר תורה וכתר כהונה וכתר מלכות, כתר כהונה זכה בו אהרן... כתר מלכות זכה בו דוד... כתר תורה הרי מונח ועומד ומוכן לכל ישראל, שנאמר "תורה צוה לנו משה מורשה קהלת יעקב" (דברים לג, ד), כל מי שירצה יבא ויטול. שמא תאמר שאותם הכתרים גדולים מכתר תורה? הרי הוא אומר "בי מלכים ימלוכו ורוזנים יחוקקו צדק בי שרים ישורו" (משלי ח, טז-יז), הא למדת שכתר תורה גדול משניהם.

(רמב"ם, הלכות תלמוד תורה ג, א)

עדות ממקור לא יהודי

נזיר נוצרי מן המאה השתים עשרה כתב את הדברים הבאים באחד מן הפירושים שלו, בתקופה שבה רוב תושבי אירופה היו אנאלפביתים:

היהודים, מתוך קנאה לאל ומתוך אהבה למצוות, מלמדים את בניהם, רבים ככל שיהיו, לקרוא, על מנת שיוכלו להבין את מצוות האל. יהודי, עני ככל שיהיה, אם יהיו לו עשרה ילדים הוא ילמד את כולם לקרוא. לא למטרות רווח, כפי שעושה הנוצרי, אלא על מנת ללמוד את מצוות האל, ולא רק את בניו, אלא גם את בנותיו.

(ב' שמולי, *The Study of the Bible in the Middle Ages*, עמ' 78)

המנהג מימי הביניים: יומו הראשון של הילד בבית הספר

הטקס הנפלא הזה מלמד אותנו כיצד יהודים בימי הביניים חגגו את יומו הראשון של הילד הצעיר בבית הספר. הרב ומנהיגי הקהילה השתתפו בטקס, ואמרו שהבאת הילד לבית הספר היא כאילו הביאו אותו להר סיני:

וכשאדם מכניס את בנו לתלמוד תורה כותבין לו את האותיות על לוח, ומרחיצין אותו, ומלבישין אותו בגדים נקיים, ולשין לו שלוש חלות של סלת בדבש... ומבשלים לו שלוש ביצים, ומביאין לו תפוחים ומיני פירות. ומחזרין אחר חכם וחשוב להוליכו לבית הספר, ומכסהו תחת כנפיו ומעלהו לבית הכנסת. ומאכילין אותו חלות בדבש, ומן

הביצים והפירות. ומקרין לו את האותיות, ואחר כך מחפים אותו בדבש, ואומרים לו: לחוך. ומחזירין אותו לאמו.

(מחזור ויטרי, סימן תקח)

החינוך היהודי בעיירה

מגיל ינקות, מדריכים ומדרבנים את הילד להיות תלמיד חכם. בעריסה הוא כבר ישמע את שיר הערש של אימו: "ישן בלילה היטב וביום למד תורה / וכך תהיה לרב כשבשערי תזרוק שיבה".

הנושא החשוב ביותר בתקציב המשפחה הוא שכר הלימוד שיש לשלם מדי שנה למורה של הילדים הצעירים. 'הורים יכופפו את השמיים כדי לחנך את ילדיהם'. האם, האחראית על הוצאות הבית, תקצץ בהוצאות האוכל למשפחה עד לקצה אם הדבר נצרך כדי לשלם את שכר הלימוד של הילדים. במצב הגרוע ביותר, היא תמשכן את תכשיטיה היקרים כדי לשלם את שכר הלימוד. הילד חייב ללמוד, הילד חייב להיות יהודי טוב - בשבילה, אלו הם שני ביטויים זהים.

(מ' זבורובסקי וא' הרצוג, *Life is with People*,
עמ' 85–87)

קהילות בנויות סביב בתי ספר

ההיסטוריה של היהדות היא ההיסטוריה של קהילות הבנויות מסביב לבתי ספר. בתי הספר הם המרכז, כיוון שהם מעבירים מסר של לימוד. התרבות היוונית שרדה במשך חמש מאות שנה לאחר הכיבוש הרומי של ערי המדינה היווניות, משום שהיוונים, כמו היהודים, פיתחו מוסדות לימוד שמסביבם הם יכלו לחיות. כשמוסדות הלימוד קרסו, התרבות היוונית נעלמה. היהדות מעולם לא נתנה למוסדות הלימוד שלה לקרוס.

(ד' אלעזר, *People and Polity*, עמ' 489)

הלימוד ממתיק

רבי שלמה זלמן אויערבך אמר: 'מי שלומד תורה, גם אם יש לו רק בצל לאכול, הוא הופך להיות בצל מתוק'.

(חנוך טלר, *And from Jerusalem His Word*, עמ' 72)

הסוד של ההמשכיות היהודית

בני ישראל, שהיו עבדים במצרים יותר ממאתיים שנה, עמדו לצאת לחופשי... משה, מנהיג היהודים, אסף את עמו על סף שחרורו והתכונן לשאת דברים באוזניו. הדעת

נותנת שהיה בוחר לדבר עמם על החופש. הוא יכול לשאת דברים מלהיבים על הארץ המובטחת שאליה עמדו ללכת, "ארץ זבת חלב ודבש". כמו כן, יכול היה להכין את בני עמו למסע שבפניו עמדו, לצעדה הארוכה במרחבי השממה.

תחת זאת, בחר משה לשאת סדרת נאומים שנראו חסרי טעם בהקשרו של אותו רגע מיוחד. הוא הציג בפניהם רעיון חדש, רעיון מהפכני באופיו, רעיון שמשמעויותיו מהוות אתגר אפילו כיום. משה דיבר על ילדים, על העתיד הרחוק ועל החובה להעביר את הזיכרון לדורות שטרם נולדו... על סף קבלת חירותם, נאמר לבני ישראל כי עליהם להיות אומה של מחנכים.

החירות, גרס משה, אינה מושגת בשדה הקרב, אף לא בזירה הפוליטית, אלא דווקא בדמיון האנושי ובכוח הרצון. לצורך הגנה על הארץ, אתה נזקק לצבא. ואילו כדי להגן על החופש, דרוש חינוך. אתה זקוק למשפחות ולבתי ספר כדי להבטיח שהאידיאלים שלך יועברו לדור הבא, ולעולם לא ילכו לאיבוד, לא ייזנחו מתוך ייאוש ולא יטושטשו. בתי ספר הם מצודותיה של החירות. גיבוריה הם מורים, ובעצמותיה בוערת תשוקה להשכלה ולחיי רוח. משה רבנו הבין שעם אינו זוכה בחיי נצח באמצעות בניית מקדשים

או מאוזוליאום, אלא בחקיקת ערכיו בליבות ילדיו, ואלה בליבות ילדיהם, וכן הלאה עד קץ הימים.

בני ישראל בנו אנדרטאות חיות – אנדרטאות לחיים – והפכו לעם המתמסר להעמדת דורות חדשים, ומפקיד בידיהם את מורשת העבר. המוסדות שמשלו בכיפה בקרב העם הזה היו המשפחה והחינוך באמצעות שיח ושיג בין הדורות. במקום מקדשים, הם בנו בתי תפילה ובתי מדרש. הם העדיפו מילים והוראה על פני אבנים... בהיפוך הזה, המנוגד לאינטואיציה, גילו בני ישראל את סוד הנצח.

(הרב יונתן זקס, **רדיקלית אז, רדיקלית עכשיו**, עמ' 19–20)

תפילה

ריבונו של עולם, עזור לי ללמוד יותר בשנה הבאה. פתח ליבי בתורתך, האר עיניי במצוותיך ויחד ליבי לאהבה וליראה את שמך, לשמוע, ללמוד וללמד, לשמור ולעשות ולקיים את כל דברי תלמוד תורתך באהבה.

פרק רביעי

נתיב המצוות: להגיב לה'

הגאונות של היהדות הייתה לקחת אידיאלים גבוהים וליישם אותם בחיים על ידי מעשים יומיומיים פשוטים: נתיב המצוות, פעולות המתאימות לרצונו של ה'. אין אנו רק מהרהרים באמת; אנו חיים אותה.

אין אנו חושבים על הבריאה על ידי לימוד פיזיקה תיאורטית. אנו חיים את הבריאה על ידי אמירת ברכות על מה שאנו אוכלים ושותים, מתוך הכרה בכך שה' הוא שברא את כל מה שאנו נהנים ממנו. אין אנו חושבים על אחריותנו כלפי הסביבה. אנו שומרים שבת, יום אחד מתוך שבעה אנחנו שמים גבול לניצול שלנו את העולם. אין אנו רק לומדים היסטוריה יהודית. בצומות ובחגים אנחנו משחזרים אותה. האמת הופכת למציאות כשהיא הופכת למעשה. כך אנחנו משנים את העולם.

יש הרואים את העולם כפי שהוא ומקבלים זאת. זוהי הדרך הסטואית, השלווה. יש הרואים את העולם ובורחים ממנו. זוהי דרך המיסטיקה של הנזירות. אך יש כאלה הרואים את העולם כפי שהוא ומשנים אותו. זוהי דרכה של היהדות. אנו משנים את העולם דרך מצוות, מעשים של קדושה, המביאים רסיסים של שמיים אל הארץ.

כל מצווה היא מיניאטורה מעשית של גאולה. היא הופכת משהו

מן החול למשהו קדוש. כשאנו שומרים כשרות אנו הופכים אוכל המיועד לגוף למזון עבור הנפש. כשאנו שומרים שבת אנו מקדשים את הזמן, יוצרים חלל בזמן שלנו לנשום ולהכיר תודה, לשמוח במה שיש לנו במקום להתאוות למה שעדיין אין לנו.

כשאנו שומרים את החגים, אנו מקדשים את ההיסטוריה בכך שאנו הופכים אותה לזיכרון אישי, המעצב את הקשר שבין העבר של אבותינו וההווה שלנו. כשאנו שומרים את המצוות של טהרת המשפחה, אנו הופכים קשר גופני לברית מקודשת של אהבה.

המצוות מכניסות את ה' לתוך חיינו דרך המחול המורכב של התאמת החיים לרצונו של ה'. המצוות הן השירה של היומיום, ההופכות את החיים לעבודה קדושה של אומנות.

המצוות מלמדות אותנו שהאמונה היא אקטיבית, ולא פסיבית. המצוות הן עניין של מה שאנו עושים, ולא רק מה שקורה לנו. על ידי קיום מצווה אנו מתקרבים לה', הופכים להיות שותפיו בבריאה. כל מצווה היא חלון בקיר החוצץ בינינו לבין ה'. כל מצווה מאפשרת לאור ה' לזרום לתוך העולם.

* * *

אהבת המצוות

בְּדֶרֶךְ עֵדְוֹתֶיךָ שַׂשְׂתִּי כְּעַל כָּל הוֹן.
גֵּר אָנֹכִי בָאָרֶץ אַל תַּסְתֵּר מִמֶּנִּי מִצְוֹתֶיךָ.
גָּרְסָה נַפְשִׁי לְתַאֲבָה אֶל מִשְׁפָּטֶיךָ. בְכָל עֵת.
גַּם עֵדֹתֶיךָ שַׁעֲשֻׁעָי אַנְשֵׁי עֲצָתִי.
הוֹרֵנִי ה' דֶּרֶךְ חֻקֶּיךָ וְאֶצְּרֶנָּה עֵקֶב.
הֲבִינֵנִי וְאֶצְּרָה תוֹרָתֶךָ וְאֶשְׁמְרֶנָּה בְכָל לֵב.
וְאֶתְהַלְּכָה בָרְחָבָה כִּי פִקֻּדֶיךָ דָרָשְׁתִּי.
וַאֲדַבְּרָה בְעֵדֹתֶיךָ נֶגֶד מְלָכִים וְלֹא אֵבוֹשׁ.

(תהילים קיט
פסוקים יד, יט–כ, כד, לג–לד, מה–מו)

כי הם חיינו ואורך ימינו

אַהֲבַת עוֹלָם בֵּית יִשְׂרָאֵל עַמְּךָ אָהָבְתָּ, תּוֹרָה וּמִצְוֹת חֻקִּים וּמִשְׁפָּטִים אוֹתָנוּ לִמַּדְתָּ. עַל כֵּן ה' אֱלֹהֵינוּ, בְּשָׁכְבֵנוּ וּבְקוּמֵנוּ נָשִׂיחַ בְּחֻקֶּיךָ, וְנִשְׂמַח בְּדִבְרֵי תּוֹרָתֶךָ, וּבְמִצְוֹתֶיךָ לְעוֹלָם וָעֶד. כִּי הֵם חַיֵּינוּ וְאֹרֶךְ יָמֵינוּ, וּבָהֶם נֶהְגֶּה יוֹמָם וָלָיְלָה.
(ברכת אהבת עולם, תפילת ערבית)

כל מצווה היא צעד בדרך לשלמות

התורה האלהית האמתית כל חכמתה בתוכה, ואין בה לא מצות עשה ולא מצות לא תעשה שאין בתוכה עניינים מביאים תועלת בשלמות האנושית ומרחיקים נזק מונע מן השלמות ההיא. (רמב"ם, איגרת תימן)

נאמנות עם ישראל לקיום המצוות

רבי לוי יצחק מברדיצ'ב נהג תמיד לחפש את המעלות של עם ישראל, ולא את החסרונות. הוא הפך להיות פרקליטם של בני ישראל לפני ה', היוצא תמיד להגנתם. כך, למשל, הוא נהג בשנה אחת, בדרך מיוחדת במינה:

באותו הזמן, היחסים המדיניים שבין רוסיה לטורקיה היו מתוחים. כל סחורה מטורקיה נחשבה ברוסיה למוברחת. העונש על החזקת סחורה מטורקיה נע בין מאסר ממושך לבין מוות.

בליל פסח אחד, לפני תחילת הסדר, רבי לוי יצחק מברדיצ'ב אמר לקהילתו שהוא לא יכול להתחיל את הסדר לפני שיריח טבק טורקי, וביקש מהם למצוא עבורו טבק כזה. 'אבל רבי', אמרו החסידים, 'אתה הרי יודע שטבק טורקי הוא סחורה אסורה. אף אחד לא ירצה להסתכן

בעונש על החזקת סחורה טורקית'.

'אין דבר', ענה הרבי, 'אני חייב טבק טורקי'.

החסידים הפיצו את השמועה, ואחרי זמן קצר הביאו לרבי מעט טבק טורקי, שמישהו הסתיר בביתו.

'מצוין', אמר הרבי. 'וכעת, אני זקוק לקצת צמר טורקי משובח. אני רוצה יריעה מבד צמר מטורקיה'.

'זוהי בקשה בלתי אפשרית', אמרו החסידים. 'אין מישהו טיפש כל כך שיחזיק בביתו סחורה כזו מטורקיה'.

'אם כך, לא נוכל לעשות את הסדר', אמר הרבי. 'לא נוכל להתחיל את הסדר בלי שתביאו לי צמר טורקי'.

שוב הפיצו הקהל את השמועה, ולבסוף אכן הביאו את הצמר המוברח אל הרבי.

'מצוין', אמר הרבי. 'ועכשיו, הביאו לי פרוסת לחם מבית יהודי'.

'אבל רבי', אמרו החסידים, 'הלילה הוא פסח. אין לחם בבתים של יהודים'.

'אין דבר'. אמר הרבי, 'חיפשתם עד שמצאתם סחורה מוברחת כעת חפשו גם את הלחם'.

אחרי חיפוש נרחב, חזרו החסידים אל הרבי בידיים ריקות. בכל ברדיצ'ב לא ניתן היה למצוא חתיכת לחם.

הרבי מברדיצ'ב נשא עיניו אל השמיים ואמר: 'ראה, ריבונו של עולם! לצאר יש צבא ענק ושוטרים עם נשק רב, שיש להם רשות להרוג את מי שמפר את הוראותיו של הצאר. הצאר הורה שעונש מוות צפוי למי שיעז להחזיק בביתו סחורה טורקית. עם זאת, כשביקשתי טבק טורקי, היה מי שהשיג לי. כשביקשתי צמר טורקי, אפשר היה למצוא גם את זה. אבל לך, ה' אלוהינו, אין צבא. איש לא מפחד שהוא יירה במקום או ייכלא. ובכל זאת, אתה הורית בתורתך שאיש לא יחזיק חמץ בביתו בחג הפסח, והינה, לא ניתן למצוא פירור לחם בבית יהודי כלשהו. האהבה והדבקות בך חזקות יותר מכל חשש לעונש גופני כלשהו. ריבונו של עולם, עם כזו דבקות של בניך בך, האם אין הם ראויים ליחס טוב יותר מצידך?'.

(על פי הרב אברהם טברסקי, *Generation to Generation*, עמ' 160–161)

המצוות: לא הגות אמת, אלא חיי אמת

נוכל להפיק תועלת בהקשר זה אם נעמיד את היהדות, כחיים של אמונה, כנגד הציביליזציה של יוון העתיקה

וביטויה הראשון במעלה, קרי הפילוסופיה. הפילוסופיה מייצגת אמת שיש להגותה, בעוד היהדות מייצגת אמת שיש לחיותה. יוון היא תבנית החוכמה, החיפוש אחר הידע של מה שראוי להיות. ואילו היהדות היא דת תורה, כלומר ידע מיוסד ברית של מה שראוי להיות. ועל כן, אף על פי שהיהדות היא מכלול אמונות, אין היא דת במובן המקובל של המילה, אלא סדרה של אמיתות שהופכות אמיתיות אך ורק מתוך העובדה שחווינו אותן. בכך שאנו חווים אותן, אנו הופכים את ה'ראוי להיות' ל'הווה'. אנו מפיקים פיסה של שלמות בעולם לא מושלם, ויוצרים אמת חיה, חיים של אמונה. בשמירת המצוות – או ליתר דיוק, הכנסתו של אלוהים, קולו של העולם כפי שהוא ראוי להיות, לתוך עולם ההווה – אנו מורידים את השמיים אל הארץ...

...שלוש המצוות הגדולות שהן תמצית האמונה היהודית... בריאה, התגלות וגאולה. בשבת אנו חיים את הבריאה; בלימוד התורה אנו חיים את ההתגלות; ובמעשי חסד, קרי אהבה מיוסדת ברית, חיים אנו את הגאולה. אין אנו מתפלספים על הדברים הללו, אלא מגלמים אותם. הדת היהודית אינה סובבת בראש ובראשונה סביב עקרונות אמונה ותיאולוגיות; אין היא אמונה שיש להגותה אלא אמונה שיש לחיותה.

לעולם לא תוכל תיאוריית שדה מאוחדת ליישב סוף כל סוף את השאלה אם היקום נברא בידי אלוהים אישי או לא. לעולם לא תוכל חקירה היסטורית להשיב על השאלה אם הקול ששמעו בני ישראל בהר סיני היה אמיתי או דמיוני. לעולם לא תוכל תורה מדינית לקבוע אם תיתכן חברה צודקת וחומלת. כך הדבר לא משום שאלה הם דברים לא רציונליים, אלא משום שהם מייצגים אמיתות שאינן יכולות להתממש אלא בחיים. אני יכול להאמין שהאהבה קיימת, או להאמין שזוהי אשליה. שתי ההשקפות הללו הן עקיבות ולכידות. עליי לבחור, ובחירתי תעצב את חיי, תניע אותי להינשא או להישאר מרוחק, לקיים אולי 'מערכת יחסים' אך להימנע ממחויבות מוחלטת של אדם אחד לאדם אחר. מתוך אמונתי באהבה, אני מוצא אותה. באי־אמונתי בה, עולמי מתרוקן ממנה. אמונה אינה רציונלית אף לא אי־רציונלית; אמונה היא אומץ הלב להיכנס למחויבות כלפי אחר, בין שהוא אנושי בין שהוא אלוהי. האמונה היא הנחישות להפוך 'ראוי להיות' ל'הווה'. היא הנכונות להאזין לקול שאינו שלי, ובהקשבה לקול הזה, לאזור כוח כדי לאחות עולם שבור. האמונה היא אמת שנעשית ממשית בדרך שבה אני חי.

(הרב יונתן זקס, **רדיקלית אז, רדיקלית עכשיו**,
עמ' 123–124)

תפילה

ריבונו של עולם, עזור לי לשמור יותר מצוות בשנה הבאה. עזור לי לעשות כפי שאתה רוצה שאעשה, שאהיה שליח של רצונך בעולם.

פרק חמישי

נתיב הצדקה: אהבה כצדק

יש שני סוגים של מצוות: יש מצוות לא תעשה, של שליטה עצמית, העוצרות אותנו מלפגוע באדם ובסביבתו הטבעית; ויש מצוות עשה, של אהבה, למען העולם כיצירתו של אלוהים ולמען בני האדם שנבראו בצלם אלוהים. מבין המצוות של הסוג השני, הצדקה היא המצווה הגדולה ביותר: צדקה היא אהבה כצדק.

העולם איננו תמיד צודק או הוגן. מטרתנו היא להפוך אותו ליותר צודק והוגן, על ידי עזרה למי שנזקק לה, ושיתוף חלק ממה שיש לנו עם אחרים. פעולה זו של שיתוף היא יותר מאשר נדבה. היא הכרה בכך שמה שיש לנו, קיבלנו מה', ואחד התנאים למתנות מאת ה' הוא שאנו עצמנו ניתן. כך אנו נעשים דומים לה', "וְהָלַכְתָּ בִּדְרָכָיו" (דברים כח, ט).

השוק יוצר עושר: זוהי סגולתו. אולם אין הוא בהכרח מחלק אותו בדרך המאפשרת לצמצם את העוני ולהעניק לכל אחד את המשמעות של חיים בכבוד. זוהי חולשתו. יש אפוא שתי אפשרויות: או לזנוח את השוק, או לצמצם את השפעותיו השליליות. האפשרות הראשונה נוסתה ונכשלה. האפשרות השנייה יכולה להיעשות בשתי דרכים: דרך מוסדות השלטון (מיסים, קצבות סעד), או דרך יחידים. מוסדות השלטון יכולים לעשות הרבה, אך לא הכול. צדקה היא הדרך היהודית לומר שלכל אחד יש חלק ותפקיד בנושא. על כל אחד מאיתנו מוטלת החובה לתת.

צדקה היא שילוב של צדק וחסד, כיוון שאנו מאמינים שהם יכולים ללכת יד ביד. צדק הוא כללי; צדקה היא אישית. אנו מכנים את ה׳ ״אבינו מלכנו״. מלך עושה צדק; הורה נותן לילד מתנה מתוך אהבה. זוהי המשמעות של צדקה, פעולה המשלבת צדק ואהבה. נתינה לאחרים היא אחת הפעולות היפות ביותר שאנו יכולים לעשות, ואחת היצירתיות ביותר. אנו יוצרים אפשרויות עבור אנשים אחרים. אנו מרככים את אחד הקצוות המחוספסים של העולם. אנו עוזרים להקל על עוני וכאב. אנו נותנים לה׳ את הקורבן הרצוי ביותר בעיניו: אנו מכבדים את צלם אלוהים הנמצא באנשים אחרים.

אין דבר המדגיש יותר את היהדות כדת של אהבה מהדגש שלה על מצוות הצדקה. אין אנו מקבלים עוני, רעב, חוסר בית או מגפות כרצון ה׳. להפך רצון ה׳ הוא שאנו נרפא את השברים הללו בעולמו. כשם שהוא מאכיל רעבים, כך גם אנו צריכים לעשות. כשם שהוא רופא חולים, כך גם עלינו לעשות. אנו נעשים טובים על ידי עשיית הטוב. אנו הולכים בדרך ה׳ כאשר אנו פועלים מתוך אהבה.

* * *

לא תאמץ את לבבך

כִּי יִהְיֶה בְךָ אֶבְיוֹן מֵאַחַד אַחֶיךָ בְּאַחַד שְׁעָרֶיךָ בְּאַרְצְךָ אֲשֶׁר

ה' אֱלֹהֶיךָ נֹתֵן לָךְ לֹא תְאַמֵּץ אֶת לְבָבְךָ וְלֹא תִקְפֹּץ אֶת יָדְךָ מֵאָחִיךָ הָאֶבְיוֹן. כִּי פָתֹחַ תִּפְתַּח אֶת יָדְךָ לוֹ... נָתוֹן תִּתֵּן לוֹ וְלֹא יֵרַע לְבָבְךָ בְּתִתְּךָ לוֹ כִּי בִּגְלַל הַדָּבָר הַזֶּה יְבָרֶכְךָ ה' אֱלֹהֶיךָ בְּכָל מַעֲשֶׂךָ וּבְכֹל מִשְׁלַח יָדֶךָ. כִּי לֹא יֶחְדַּל אֶבְיוֹן מִקֶּרֶב הָאָרֶץ עַל כֵּן אָנֹכִי מְצַוְּךָ לֵאמֹר פָּתֹחַ תִּפְתַּח אֶת יָדְךָ לְאָחִיךָ לַעֲנִיֶּךָ וּלְאֶבְיֹנְךָ בְּאַרְצֶךָ. (דברים טו, ז–יא)

אוצרות נפשות

תנו רבנן: מעשה במונבז המלך [מלך חדייב, במאה הראשונה לספירה, שהתגייר] שבזבז אוצרותיו ואוצרות אבותיו בשני בצורת, וחברו עליו אחיו ובית אביו ואמרו לו: אבותיך גנזו והוסיפו על של אבותם, ואתה מבזבזם! אמר להם: אבותי גנזו למטה, ואני גנזתי למעלה... אבותי גנזו במקום שהיד שולטת בו, ואני גנזתי במקום שאין היד שולטת בו... אבותי גנזו דבר שאין עושה פירות, ואני גנזתי דבר שעושה פירות... אבותי גנזו [אוצרות] ממון ואני גנזתי אוצרות נפשות. (בבא בתרא יא ע"א)

זכות לקבלת פני השכינה

דרש רבי דוסתאי ברבי ינאי: בוא וראה שלא כמדת הקדוש ברוך הוא מדת בשר ודם; מדת בשר ודם, אדם מביא דורון

גדול למלך – ספק מקבלין אותו הימנו, ספק אין מקבלין אותו הימנו, ואם תמצא לומר מקבלים אותו ממנו – ספק רואה פני המלך, ספק אינו רואה פני המלך; והקדוש ברוך הוא אינו כן, אדם נותן פרוטה לעני – זוכה ומקבל פני שכינה, שנאמר: "אני בצדק אחזה פניך אשבעה בהקיץ תמונתך" (תהילים יז, טו). רבי אלעזר יהיב פרוטה לעני והדר מצלי, אמר, דכתיב: "אני בצדק אחזה פניך".

(שם י ע"א)

להינצל מהדבר הקשה בעולם

עשרה דברים קשים נבראו בעולם:
הר קשה – ברזל מחתכו,
ברזל קשה – אור מפעפעו,
אור קשה – מים מכבין אותו,
מים קשים – עבים סובלים אותן,
עבים קשים – רוח מפזרתן,
רוח קשה – גוף סובלו,
גוף קשה – פחד שוברו,
פחד קשה – יין מפיגו,
יין קשה – שינה מפכחתו,
ומיתה קשה מכולם

וצדקה מצלת מן המיתה, דכתיב: 'וצדקה תציל ממות' (משלי י, ב). (שם)

סולם הצדקה

שמונה מעלות יש בצדקה זו למעלה מזו.

מעלה גדולה שאין למעלה ממנה, זה המחזיק ביד ישראל שמַּךְ, ונותן לו מתנה או הלואה או עושה עמו שותפות או ממציא לו מלאכה כדי לחזק את ידו עד שלא יצטרך לבריות לשאול, ועל זה נאמר "והחזקת בו גר ותושב וחי עמך" (ויקרא כה, לה), כלומר החזק בו עד שלא יפול ויצטרך.

פחות מזה הנותן צדקה לעניים ולא ידע למי נתן ולא ידע העני ממי לקח, שהרי זו מצוה לשמה, כגון לשכת חשאים שהיתה במקדש, שהיו הצדיקים נותנין בה בחשאי והעניים בני טובים מתפרנסין ממנה בחשאי, וקרוב לזה הנותן לתוך קופה של צדקה...

פחות מזה שידע הנותן למי יתן ולא ידע העני ממי לקח, כגון גדולי החכמים שהיו הולכין בסתר ומשליכין המעות בפתחי העניים...

פחות מזה שידע העני ממי נטל ולא ידע הנותן, כגון גדולי החכמים שהיו צוררים המעות בסדיניהן ומפשילין לאחוריהן ובאין העניים ונוטלין כדי שלא יהיה להן בושה.

פחות מזה שיתן לו בידו קודם שישאל.

פחות מזה שיתן לו אחר שישאל.

פחות מזה שיתן לו פחות מן הראוי בסבר פנים יפות.

פחות מזה שיתן לו בעצב.

(רמב"ם, הלכות מתנות עניים י, ז–יד)

אברבנאל: אנו בעלים על מה שאנחנו מוכנים לשתף

הרב והחכם היהודי במאה ה־15, דון יצחק אברבנאל (1437–1508), שהיה יועץ למלך פרדיננד ולמלכה איזבלה מקסטיליה, נשאל פעם על ידי המלך כמה רכוש יש בבעלותו. הוא נקב בסכום מסוים. 'אבל ברור', אמר לו המלך, 'שיש לך יותר מכך'. 'אתה שאלת אותי כמה יש בבעלותי', השיב אברבנאל, 'הרכוש שיש לי איננו בבעלותי. הוד מעלתו יכול לקחת אותו ממני מחר. לכל היותר, אני השומר הזמני של הרכוש הזה. הסכום שהזכרתי הוא מה שנתתי לצדקה. רק לכך יש ערך, שלא

אתה ולא שום כוח אחר בעולם יכול לקחת ממני'. אנו בעלים על מה שאנחנו מוכנים לשתף.

(על פי הרב אברהם טברסקי,
Do unto Others, עמ' 26–27)

שני הימים של ישראל

יש משהו מוזר בגיאוגרפיה של ארץ הקודש. יש שני ימים בישראל: ים המלח וים כינרת. האחרון הוא מלא חיים: דגים, ציפורים, צמחייה. הראשון, כפי שעולה משמו הנוסף – ים המוות, איננו מכיל חיים בכל צורה שהיא. עם זאת, שניהם מוזנים מאותו נהר – הירדן. ההבדל הוא שים כינרת מקבל מים בצד אחד, ונותן מים בצד האחר. ים המלח מקבל מים, אך איננו נותן מים. נהר הירדן מסתיים עם כניסתו לים המלח. לתת בלי להחזיר זהו סוג של מוות. לחיות זה לתת.

רק בני אדם יכולים לעזור לעני

הרבי מקאמינקא החליט פעם להקדיש יום שלם לאמירת תהילים. לקראת ערב, בעודו קורא תהילים, הגיע אליו שליח וסיפר לו שהרבי שלו, המגיד מצידנוב, מבקש

לראות אותו. הרבי אמר שיבוא ברגע שיגמור, אך עד מהרה שב השליח ואמר שהרבי מתעקש שהוא יבוא מייד. כשהגיע, שאל אותו המגיד מדוע התעכב, והרבי השיב שהוא אמר תהילים. המגיד אמר לו שקרא לו כדי שיצא לאסוף כסף למען עני השרוי במצוקה, והוסיף: 'תהילים גם מלאכים יכולים לשיר, אבל לעזור לעני יכולים רק בני אדם. לכן גדולה צדקה מאמירת תהילים'.

(על פי הרב ראובן בולקה, *Work, Life, Suffering and Death*, עמ' 185)

תפילה

ריבונו של עולם, למדני לשתף את מה שיש לי עם אחרים, מפני שלי יש הרבה ולהם יש מעט. מה שיש לי, קיבלתי ממך. כשם שנתת לי את מה שאני צריך, כך אהיה שותף לך בכך שאתן לאחרים את מה שהם זקוקים לו.

פרק שישי

נתיב החסד: אהבה כחמלה

צדקה היא נתינת כסף או שווה כסף. אולם לעיתים, אין זה כל מה שאנו צריכים. לעיתים אנו חשים עוני נפשי, כשם שאנו חשים עוני פיזי. אנו עלולים לחוש בדיכאון, בבדידות, קרוב אפילו לייאוש. אנו עשויים להזדקק לחברה או לנחמה, לעידוד ולתמיכה. אלו הם צרכים אנושיים, לא פחות ריאליים, אף שקשה לתרגמם לשפה מדינית או כלכלית.

זוהי משמעותו של החסד: תמיכה נפשית, 'אהבת חסד', אהבה כחמלה. זוהי כוונתנו כאשר אנו אומרים על ה' שהוא "הָרֹפֵא לִשְׁבוּרֵי לֵב וּמְחַבֵּשׁ לְעַצְּבוֹתָם" (תהילים קמז, ג). חסד כולל הכנסת אורחים לבודדים, ביקור חולים, ניחום אבלים, הרמת רוחם של המדוכאים והחלשים, עזרה לאנשים במהלך משברים שהם עוברים בחיים, ונתינת תחושה לאלו שבשוליים שהם חלק מן הקהילה.

זהו הצד האחר של הצדקה. צדקה נעשית על ידי חומרים פיזיים, ואילו חסד נעשה על ידי אמצעים פסיכולוגיים: זמן ותשומת לב. צדקה היא תמיכה מעשית, וחסד הוא תמיכה נפשית. צדקה היא נתינת משאבים, וחסד הוא נתינת האדם. גם אלו שאין ביכולתם לתת צדקה, יכולים לעשות חסד. צדקה מתקנת עוול, וחסד הופך את הגורל לאנושי.

אברהם ושרה נבחרו בגלל החסד שגמלו לאחרים. רות הפכה להיות אם המלכות בישראל בגלל החסד שגמלה עם נעמי. בליבו של החזון היהודי עומד החלום של הקמת חברה המבוססת על חסד: חברה עם פנים אנושיות, לא זו הנשלטת על ידי תחרות על עושר או כוח. חסד הוא סימן של עם שהצטרף יחד בברית. הברית יוצרת חברה כמשפחה מורחבת, ומשמעותה היא להתייחס לזרים כאילו הם אחים ואחיות שאבדו במשך הזמן. חברה המבוססת על חסד היא מקום של חמלה, שבו כל אחד מרגיש מכובד, כל אחד מרגיש בבית.

* * *

כי חסד חפצתי ולא זבח

כִּי חֶסֶד חָפַצְתִּי וְלֹא זָבַח וְדַעַת אֱלֹהִים מֵעֹלוֹת.

(הושע ו, ו)

הליכה בדרכי ה'

ואמר רבי חמא ברבי חנינא, מאי דכתיב: "אחרי ה' אלהיכם תלכו" (דברים יג, ה)? וכי אפשר לו לאדם להלך אחר שכינה? והלא כבר נאמר: "כי ה' אלהיך אש אוכלה הוא" (שם ד, כב)! אלא להלך אחר מדותיו של הקדוש ברוך הוא,

מה הוא מלביש ערומים... אף אתה הלבש ערומים; הקדוש ברוך הוא ביקר חולים... אף אתה בקר חולים; הקדוש ברוך הוא ניחם אבלים... אף אתה נחם אֲבלים; הקדוש ברוך הוא קבר מתים... אף אתה קבור מתים.

(סוטה יד ע"א)

חסד מכפר

פעם אחת היה רבן יוחנן בן זכאי יוצא מירושלים והיה ר' יהושע הולך אחריו, וראה בית המקדש חרב. אמר ר' יהושע: אוי לנו על זה שהוא חרב, מקום שמכפרים בו עונותיהם של ישראל. אמר לו: בני, אל ירע לך, יש לנו כפרה אחת שהיא כמותה, ואיזה זה? גמילות חסדים, שנאמר: 'כי חסד חפצתי ולא זבח' (הושע ו, ו).

(אבות דרבי נתן נוסח א, פרק ד)

אהרה לעולם אינה הולכת לאיבוד

כללו של דבר, זה אשר יתן האדם לזולתו, לא יאבד ממנו, אלא זו היא התפשטות עצמותו, כי ירגיש אשר גם חלק לו בחברו זה אשר נתן לו. זו היא הדבקות שבין אדם לזולתו, אשר נקרא לה בשם 'אהבה'.

(הרב אליהו דסלר, **מכתב מאליהו**, א, עמ' 37)

לווייתו של עני

מעשה ושני יהודים מתו בבריסק ביום אחד. בשחרית מת סנדלר עני, שישב כל ימיו באחת הסימטאות האפלות, וכחצות היום הלך לעולמו העשיר העירוני. על פי ההלכה חייבים לקבור ראשון את מי שמת ראשון. ברם, אנשי ה'חברה קדישא', שקיבלו סכום הגון מיורשי האמיד, החליטו לטפל בראשונה במת השני, כי מי יתבע עלבונו של המת העני. כשסיפרו הדבר לר' חיים [מבריסק], הִתרה בהם על ידי שליח בית דין, שלא יהינו לעשות דבר מחפיר כזה. חברי החברה מיאנו להיזקק לפקודת הרב ופתחו בקבורת העשיר. לקח ר' חיים את מקלו, כיתת את רגליו לבית הנפטר וגירש את המתעסקים החוצה. ר' חיים ניצח – העני נקבר קודם לעשיר.

(הרב יוסף דוב סולוביצ'יק,
איש ההלכה – גלוי ונסתר, עמ' 82)

אם לא למעלה מזה

בכל יום שישי לפנות בוקר, הרבי מנמירוב היה נעלם. לא ניתן היה למצוא אותו באף אחד מבתי הכנסת או בתי המדרש בעיירה. דלתות ביתו היו פתוחות, אך הוא לא היה בבית. פעם אחת, הגיע למדן ליטאי לנמירוב. הוא הופתע

מהיעלמותו של הרבי ושאל את החסידים: 'איפה הוא?'. 'איפה הרבי?', השיבו החסידים, 'איפה אם לא בשמים? אנשי העיירה זקוקים לשלום, לפרנסה, לבריאות. הרבי הוא איש קדוש, ולכן הוא בוודאי בשמיים, מתפלל עבורנו".

הליטאי היה משועשע מהתמימות של החסידים, והחליט למצוא בעצמו את התשובה. ביום חמישי בלילה הוא התחבא בביתו של הרבי. ביום שישי בבוקר, לפני עלות השחר, הוא שמע את הרבי בוכה ונאנח. לאחר מכן הוא ראה את הרבי ניגש לארון, מוציא ממנו חבילת בגדים ומתחיל ללבוש אותם. אלו לא היו בגדים של איש קדוש, אלא בגדים של איכר פשוט. הרבי ניגש אל המגירה, הוציא ממנה גרזן, ויצא אל הלילה החשוך עדיין. הליטאי עקב אחריו בחשאי כשהוא הלך דרך העיירה ומחוצה לה, אל תוך היער. הרבי התחיל לחטוב עץ, ואז קיצץ ממנו בולי עץ, שמהם יצר עצים להסקה. הוא אסף אותם לצרור אחד, והלך בחזרה לחוך העיירה.

באחד הרחובות הצדדיים, הוא עצר לפני בקתה נוטה ליפול ודפק על הדלת. אישה זקנה, ענייה וחולה, פתחה את הדלת. 'מי אתה?', שאלה. 'אני וסילי', ענה הרבי, 'יש לי עצי הסקה למכור, בזול מאוד, כמעט בחינם'. 'אין לי כסף', השיבה האישה. 'אני אתן לך הכול בהלוואה', אמר

הרבי. 'איך אוכל לשלם לך?', שאלה האישה. 'אני סומך עלייך', השיב, 'והאם את אינך סומכת על אלוהים? הוא ימצא את הדרך שבה אקבל את שכרי'. 'אבל מי ידליק את האש?', שאלה האישה, 'אני חולה וחלשה מדי מכדי שאוכל לעשות זאת'. 'אני אדליק את האש', ענה הרבי, וכך עשה, תוך שהוא מתפלל בינתיים תפילת שחרית. לאחר מכן, חזר הרבי לביתו.

הלמדן הליטאי, כשראה את כל מה שעשה הרבי, החליט להישאר בעיירה, והפך להיות מחסידיו של הרבי. אחרי אותו יום, בכל פעם ששמע את החסידים מספרים לאורחים שהרבי עולה לשמיים, הוא לא צחק יותר, אלא הוסיף: 'אם לא למעלה מזה'.

(על פי סיפור מאת י"ל פרץ)

מקבלים את פני המשיח

בסעודה השלישית בשבת, עת היום מעריב והנפש מתעטפת, אזר אחד החסידים אומץ ושאל את הרבי שאלה שרצה לשאול זה מכבר, אך עד כה לא העז: 'רבי, למה המשיח איננו בא?'.

'מדוע אתה שואל, בני?'"

'כי בימים עברו אולי לא היינו מוכנים. העולם לא היה מוכן. השעה לא הייתה כשרה. אבל עכשיו, אחרי השואה ואחרי שהיהודים שבו לארצם, האם לא הגיע הזמן?'.

'למה כוונתך?', שאל הרבי, פניו כשהיו אך מבטו דרוך.

'כוונתי – הרי כתוב בגמרא הקדושה שבקץ הימים הקדוש ברוך הוא ישלח לעם ישראל מלך שגזרותיו יהיו קשות מגזרת המן; האם זה לא קרה כבר? ועוד, הרי נאמר 'אם יהיה נדחך בקצה השמים, משם יקבצך ה' אלוהיך ומשם יקחך' (דברים ל, ד). האם גם זה לא קרה כבר, עכשיו, כשהיהודים שבו לארץ ישראל ממאה ארצות ויותר? אז למה המשיח איננו בא?'.

'אענה לך, בני', אמר הרבי. 'איך יכול המשיח לבוא? חשוב לרגע: אם הוא היה בחסידות אחת, בחסידות השנייה לא היו מכירים בו. אם הוא היה חסיד כלשהו, המתנגדים לא היו מכירים בו. אם הוא היה אורתודוכסי, הרפורמים לא היו מכירים בו. אם הוא היה דתי, החילונים לא היו מכירים בו. אז איך הוא יכול לבוא?'.

'ועכשיו', המשיך הרבי, 'אגלה לך סוד גדול'. הרבי השפיל את קולו ללחישה: '**אין אלה אנחנו שמחכים למשיח. המשיח הוא שמחכה לנו**. הוא היה כאן כל הזמן. אלו אנחנו שאיננו מוכנים לבואו'.

עוד לפני שהיה בידי החסיד סיפק לענות, המשיך הרבי: 'עכשיו תן לי לשאול אותך שאלה. מה תעשה כשהמשיח כן יגיע? האם לא תקבל את פניו כאת פני חבר שלא ראית שנים רבות, ושהתגעגעת אליו? האם לא תיתן לו אירוח מלכותי, ותעשה הכול כדי לחלוק לו כבוד, ותחוש שאתה בעצמך זכית לכבוד רב לאין שיעור בגלל עצם נוכחותו?'.

'כמובן', השיב החסיד, 'האם הרבי מטיל בכך ספק?'.

'יפה', השיב הרבי, 'אומר לך את הדבר שעליך לעשות וללמד אחרים לעשות. ראה כל אדם – גבר או אישה, מכר או זר, צעיר או זקן, תלמיד חכם או עם הארץ, שומר מצוות ושאינו שומר מצוות – כאילו הוא עשוי להיות המשיח, שהרי המשיח לבטח יבוא בתחפושת. אם רק נעשה כך, נגלה שבלי שהרגשנו המשיח בא'.

(הרב יונתן זקס, **לרפא עולם שבור**, עמ' 69–70)

תפילה

ריבונו של עולם, עזור לי בשנה הבאה לחשוב יותר על אחרים ופחות על עצמי. עזור לי להבחין באלו הזקוקים לעזרה, לחברה או לנחמה. למדני לומר את המילה הנכונה ולעשות את המעשה הנכון. למדני ללכת בדרכיך.

פרק שביעי

נתיב האמונה: אהבה כנאמנות

היהדות היא דת הומנית באופן חריג, מתוחכם ומעמיק, הבוחנת את מוסכמות החוכמה לאורך הדורות. האמונה היא האומץ שאברהם ושרה הפגינו כששמעו את קול ה' והשאירו מאחוריהם את כל המוכר להם, כדי ללכת ליעד בלתי ידוע. האמונה הובילה יותר ממאה דורות של אבותינו להמשיך את המסע הזה, מודעים לכל הסיכונים אך מאמינים שאין זכות גדולה יותר מאשר להיות חלק מן המסע. אמונה היא הקול האומר: "גַּם כִּי אֵלֵךְ בְּגֵיא צַלְמָוֶת לֹא אִירָא רָע כִּי אַתָּה עִמָּדִי" (תהילים כג, ד).

האמונה שמרה על היהודים בתקופות קשות של רדיפות. היא הובילה אותם לא לוותר לעולם על התקווה שיום אחד הם יחזרו לארץ ישראל, לירושלים ולחירות. העם היהודי שמר את האמונה בחיים. האמונה שמרה את העם היהודי בחיים.

אמונה אינה ודאות. היא האומץ לחיות עם חוסר ודאות. אמונה היא לא ידיעת כל התשובות. לפעמים היא הכוח לחיות עם שאלות. אמונה היא לא התחושה של אי־פגיעות. היא הידע שאנחנו לחלוטין פגיעים, אבל דווקא מתוך הפגיעות שלנו אנו מנסים להגיע אל ה', ודרך כך להגיע אל אחרים ולהבין את הפחדים ואת הספקות שלהם. אנו לומדים לשתף, ודרך השיתוף אנו מגיעים אל החירות. רק בגלל שאין אנו אלים, אנו יכולים לגלות את האל.

ה' הוא הממד האישי של הקיום, ה'אתה' שמאחורי ה'זה', הזהות העצמית שמדברת אל ה'אני' ברגעים של חשיפה מוחלטת. כשאנו פותחים את עצמנו אל היקום, אנו מוצאים את ה' מושיט את ידו אלינו. ברגע כזה אנו נחשפים לגילוי משנה החיים, שאף על פי שאנו נראים חסרי משמעות לחלוטין, אנו לגמרי משמעותיים, נוכחות של צלם אלוהים בעולם. האינסוף קדם לנו, הנצח יבוא אחרינו, ועדיין אנו יודעים שהיום הזה, הרגע הזה, המקום הזה, הנסיבות האלו, מלאים באורו של הזוהר האינסופי, המוכח מעצם העובדה שאנחנו כאן כדי לחוות אותו.

אמונה היא המקום שבו האל והאדם נפגשים לאורך מעמקי הנצח. אמונה משמעותה אהבה כנאמנות. האנלוגיה הקרובה ביותר היא נישואין: מחויבות הדדית, המיוסדת על אהבה, הקושרת את שני השותפים יחד בנאמנות ואמון. ה' בחר בנו; אנחנו בחרנו בה', ואף שהקשר שלנו הוא לפעמים מתוח ומורכב, הקשר בינינו אינו ניתן להפרדה.

בכך שאנו יודעים, אנו ידועים. בכך שאנו מרגישים, אנחנו מורגשים. בכך שאנו פועלים, אנחנו מופעלים. בכך שאנו חיים, מחיים אותנו. ואם נאפשר לעצמנו להיות שקופים כך שאורו של האל יעבור דרכנו, גם חיינו יקרינו את נוכחות השכינה, הנותנת חיים לאלו שנגענו בחייהם.

אמונה היא החלל שאנו יוצרים עבור ה'.

* * *

ממי אירא?

ה' אוֹרִי וְיִשְׁעִי מִמִּי אִירָא, ה' מָעוֹז חַיַּי מִמִּי אֶפְחָד. בִּקְרֹב עָלַי מְרֵעִים לֶאֱכֹל אֶת בְּשָׂרִי, צָרַי וְאֹיְבַי לִי, הֵמָּה כָשְׁלוּ וְנָפָלוּ. אִם תַּחֲנֶה עָלַי מַחֲנֶה – לֹא יִירָא לִבִּי, אִם תָּקוּם עָלַי מִלְחָמָה – בְּזֹאת אֲנִי בוֹטֵחַ. (תהילים כז, א–ד)

יהודי אהיה

שלמה אבן וירגה (ספרד–איטליה, המאה ה־15–16) היה אחד ההיסטוריונים היהודים הנדירים בימי הביניים. בתיאורו את גירוש ספרד, הוא סיפר את הסיפור הבא:

שמעתי מפי זקנים יוצאי ספרד כי אונייה אחת באה בה מכת הדבר, ובעל האונייה השליכם אל היבשה, מקום שאין יישוב, ושם מתו רובם ברעב. וקצתם נתאמצו ללכת לרגלם, עד ימצאו יישוב. ויהודי אחד בתוכם, הוא ואשתו ושני בניו, התאמצו ללכת, והאישה, מאשר לא ניסתה כף רגלה, נתעלפה ומתה. והאיש היה נושא הבנים, ונתעלף גם

הוא ושני בניו מצד הרעב. וכי הקיץ מן העילוף, מצא שני בניו מתים.

ומרוב הדאגה, קם על רגליו ואמר: ריבונו של עולם, הרבה אתה עושה שאעזוב דתי. תדע נאמנה, שעל כורחם של יושבי שמיים, יהודי אני ויהודי אהיה, ולא יועיל כל מה שהבאת ותביא עליי.

ואסף מן העפר ומן העשבים וכסה את הנערים, והלך לבקש יישוב. (**שבט יהודה**, עמ' 123)

במקום שאנחנו נותנים לו להיכנס

רבי מנחם מנדל מקוצק (1787–1859) היה אחת הדמויות הייחודיות בתנועת החסידות. כבעל עמדות נוקשות וחריגות, ומתוך חיפוש מוחלט אחרי האמת, הוא חי את חייו בבחינת 'כִּי שָׂרִיתָ עִם אֱלֹהִים וְעִם אֲנָשִׁים' (בראשית לב, כט).

פעם אחת, בזמן סעודה שלישית בשבת, כשאווירת קדושת היום מגיעה לשיאה, פנה הרבי לחסידיו ושאל: 'איפה ה' נמצא?'.

החסידים היו מופתעים מן השאלה המוזרה. 'למה מתכוון

הרבי בשאלה איפה ה' נמצא? איפה ה' לא נמצא? הרי תמיד למדנו שאין מקום שבו השכינה איננה נמצאת. כבודו מלא עולם, והוא נמצא בשמיים ובארץ!'.

'לא', אמר הרבי, 'לא הבנתם. ה' נמצא במקום שבו אנחנו נותנים לו להימצא'.

ה' קיים תמיד, אך אנו חשים בו רק כאשר אנחנו מחפשים אותו. הוא מלמד, אך רק כאשר אנו מוכנים ללמוד. הוא מדבר, אך רק כאשר אנחנו מקשיבים. השאלה היא אף פעם לא 'איפה ה'?'. השאלה היא תמיד: 'איפה אנחנו?'. בעיית האמונה היא לא ה', אלא המין האנושי. מטרת האמונה היא ליצור פתח בנשמה שלנו, שדרכו נוכחות השכינה תוכל להיכנס. ה' נמצא במקום שבו אנחנו נותנים לו להיכנס.

להדליק אש

הרבי מקוצק אמר: יש אנשים הלובשים את האמונה שלהם כמו מעיל. זה מחמם אותם, אבל לא מסייע בכלל לאחרים. אולם יש המדליקים אש, וכך גם אחרים מתחממים.

רבי יוסף יצחק שניאורסון: שני עולמות, אל אחד

רבי יוסף יצחק שניאורסון ניהל ישיבה ברוסיה. כאשר

הקומוניסטים עלו לשלטון, הם הורו לסגור את כל מוסדות הדת ברוסיה. הרב שניאורסון הפר את ההוראה, והמשיך ללמד תורה.

יום אחד, קצין משטרה התעמת איתו והורה לו לסגור את הישיבה. הרבי סירב. הקצין הוציא את אקדחו ואיים: 'סגור את הישיבה או שאהרוג אותך!". הרבי לא התרגש והשיב בשקט: "הישיבה תישאר פתוחה".

הקצין לא יכול היה שלא להתרשם מהתנהגותו חסרת הפחד של הרבי. 'האם אינך מתייחס ברצינות לדבריי?', שאל. 'האם אינך מפחד למות?'.

הרבי השיב בנחת: 'מי שיש לו רק עולם אחד עם הרבה אלים, הוא מי שמפחד מן המוות. אולם מי שיש לו שני עולמות ואל אחד איננו מפחד כלל'.

הישיבה של הרב שניאורסון נשארה פתוחה. בשנת 1940 הוא היגר לארה"ב. כיום יש לחסידות חב"ד סניפים בכל העולם, בעוד הקומוניזם קרס לחלוטין.

(על פי הרב אברהם טברסקי, *Do Unto Others*, עמ' 159)

הברון רוטשילד: אמונה מתוך חירות

מסופר על הברון נתן רוטשילד, שלאחר שניצח במאבקו רב השנים על הסרת המגבלה של כהונת בעלי האמונה היהודית בבית הלורדים, הוא התחמק מהמכובדים הבריטיים שבאו לברך אותו על הישגו. הוא נמצא בבית כנסת קטן בגטו וויטצ'אפל במזרח לונדון, כשהוא מתפלל: 'יהי רצון שהחירות הזו לא תגרום לירידה באמונה שלנו'.
(על פי יעקב הרצוג, **עם לבדד ישכון**)

דת של שאלות

איזידור רבי, זוכה פרס נובל לפיזיקה, נשאל פעם למה הוא נעשה מדען. הוא השיב: 'אמא שלי הפכה אותי למדען מבלי שבכלל ידעה זאת. כל ילד אחר היה חוזר מבית הספר ונשאל: 'מה למדת היום?'. אבל אמא שלי נהגה לשאול שאלה אחרת. 'איזי', היא הייתה תמיד אומרת, 'האם שאלת שאלה טובה היום?'. זה עשה את ההבדל. שאלת שאלות טובות היא שהפכה אותי למדען'.

יהדות היא דת של שאלות. הנביאים הגדולים שאלו שאלות על אלוהים. ספר איוב, המחקר הגדול ביותר על

כל גילויי הסבל האנושי, הוא ספר של שאלות שנשאלו בידי אדם, שלהן ענה ה' בצרור שאלות משלו. ליל הסדר בחג הפסח נפתח בארבע שאלות ששואל ילד.

כשהלכתי לראשונה ללמוד בישיבה, נדהמתי לראות כמה היו פניו של המורה מאירות כאשר שאלנו שאלות. 'שאלת קושיה טובה', הייתה המחמאה הגדולה ביותר שלו. אברהם טברסקי, פסיכיאטר אמריקאי, מספר כיצד בצעירותו היה המנחה שלו מתמלא הנאה כשהיו מאתגרים את הטיעונים שלו. באנגלית השבורה שלו הוא היה אומר: 'אתה צודק במאה אחוזים, עכשיו אני אראה לך היכן אתה טועה'.

אמונה דתית, ביהדות, אינה תמימה או עיוורת. כל שאלה הנשאלת באופן מכובד היא התחלה של מסע אל אלוהים. כשאמונה מדכאת שאלות היא מתה. כשהיא מקבלת תשובות שטחיות, היא מתחילה לנבול. אמונה היא לא הניגוד של ספק. מה שמנוגד לאמונה הוא הביטחון השטחי שמה שאנחנו מבינים זהו כל מה שיש.

(הרב יונתן זקס, *Celebrating Life*, עמ' 79–81)

אמונה לאחר השואה

רבי יקותיאל הלברשטאם, הרבי מקלויזנבורג, עבר את

שנות השואה החל מגטו ורשה, דרך מחנות העבודה, מצעד המוות למחנה דכאו, ועד לאושוויץ עצמה. הוא שרד, אך אשתו ואחד עשר ילדיו לא. באושוויץ הוא נדר שאם ישרוד, יקדיש את עצמו לחיים. הוא היה נחוש לבנות בית חולים שיכבד את צלם אלוהים הקיים בכל בן אנוש. גיוס הכסף לבניית בית החולים נמשך חמישים שנה, אך לבסוף הוא הקים את בית החולים 'לניאדו' בנתניה, המיועד לשרת את כל בני האדם, יהודים וערבים, ישראלים ופלסטינים. כך הוא לימד את חסידיו לאחר השואה:

הנס הגדול מכולם הוא העובדה שאנו, שורדי השואה, אחרי כל מה שעברנו והיינו עדים לו, עדיין מאמינים בקב"ה. זהו, רבותיי, הנס של כל הניסים, הנס הגדול ביותר שאי פעם התרחש.

(יפה אליאך, *Hassidic Tales of the Holocaust*, עמ' 228)

תפילה

ריבונו של עולם, למדני להאמין בך, כפי שאתה מאמין בי. פתח את אוזניי לשמוע את קולך, את עיניי לראות את נפלאותיך, ואת ליבי לאהבתך.

פרק שמיני

נתיב ארץ ישראל: ארצו של העם

אין דת בהיסטוריה שהייתה קשורה כל כך לארץ כלשהי כמו היהדות. הקשר בין עם ישראל לארץ ישראל חוזר ארבעת אלפים שנים לאחור, מאז המילים הראשונות של ה' לאברהם: "לֶךְ לְךָ מֵאַרְצְךָ וּמִמּוֹלַדְתְּךָ וּמִבֵּית אָבִיךָ אֶל הָאָרֶץ אֲשֶׁר אַרְאֶךָּ" (בראשית יב, א). עם הגיעו לארץ, אמר לו ה': "לְזַרְעֲךָ אֶתֵּן אֶת הָאָרֶץ הַזֹּאת" (שם, ז). שבע פעמים הבטיח ה' את הארץ לאברהם, והבטיח אותה שוב גם ליצחק וליעקב.

המילה 'תשובה' נגזרת מן המשמעות של לשוב בחזרה, ובשתי משמעויות: רוחנית, לשוב אל ה'; ופיזית, לשוב לארץ ישראל. שכן ארץ ישראל היא מקומו המיועד של עם ישראל: ארץ קטנה לעם קטן, ועדיין עם שתרומתו להיסטוריה הדתית של העולם היא עצומה. זוהי הארץ שאליה הלכו משה ובני ישראל במדבר, הארץ שממנה גלה העם פעמיים, הארץ שאליה הגיעו אבותינו בכל עת שיכלו ושמעולם לא עזבו אותה מרצון ולא ויתרו עליה. ההיסטוריה היהודית היא הסיפור של הגעגועים לארץ.

ארץ הקודש נותרה המקום שבו נקראו היהודים להקים חברה של צדק וחמלה תחת השגחתו של ה'. ואף על פי שלאחר מכן היא הוחזקה כקדושה גם על ידי הנצרות והאסלאם, הייתה זאת רק העתקה, שכן הארץ הובטחה לאברהם, שהנוצרים הראשונים, ולאחר מכן המוסלמים, טענו שהם צאצאיו. המרכזים של הדתות

האחרות היו במקומות אחרים: לנצרות המערבית – רומא, לנצרות המזרחית – קונסטנטינופול, למוסלמים – מכה ומדינה. יש כיום חמישים ושש מדינות מוסלמיות ושמונים ושתיים מדינות נוצריות, אך רק מדינה יהודית אחת. זהו המקום היחיד בעולם שבו היהודים הם הרוב, שבו הם נהנים משלטון עצמי, שבו הם יכולים ליצור חברה ולעצב תרבות כיהודים.

הצהרת בלפור בשנת 1917, שלאחר מכן אושררה על ידי חבר הלאומים, הרבה לפני השואה, הייתה מאמץ לתקן את העוול הממושך ביותר כנגד האנושות: ההכחשה של זכותו של עם על אדמתו וכתוצאה מכך הרדיפות של היהודים בארץ אחרי ארץ, מאה אחרי מאה, בהיסטוריה של סבל שאין לו אח ורע.

היהודים שחזרו לארץ לא היו זרים, נוכרים, נוכחות אימפריאליסטית או קולוניאליסטית. הם היו תושביה המקוריים של הארץ: העם היחיד במשך ארבעת אלפים שנים שיצר שם אומה עצמאית. כל שאר כובשיה של הארץ – מהאשורים והבבלים ועד העות'מנים והבריטים – היו כוחות אימפריאליסטיים, ששלטו בארץ כאחד המחוזות של ממלכותיהם העצומות. המצרים לא הציעו לפלסטינים מדינה כשהם שלטו בעזה בין השנים 1948–1967, וכך גם הירדנים ששלטו ביהודה ושומרון באותן שנים. המדינה היחידה שהציעה לפלסטינים מדינה היא ישראל. אנו מתפללים לשלומה של מדינת ישראל.

* * *

נבואת משה על החזרה לארץ

אִם יִהְיֶה נִדַּחֲךָ בִּקְצֵה הַשָּׁמָיִם מִשָּׁם יְקַבֶּצְךָ ה' אֱלֹהֶיךָ וּמִשָּׁם יִקָּחֶךָ. (דברים ל, ד)

קינת הגולים: על נהרות בבל

עַל נַהֲרוֹת בָּבֶל שָׁם יָשַׁבְנוּ גַּם בָּכִינוּ בְּזָכְרֵנוּ אֶת צִיּוֹן...
אֵיךְ נָשִׁיר אֶת שִׁיר ה' עַל אַדְמַת נֵכָר?
אִם אֶשְׁכָּחֵךְ יְרוּשָׁלָם תִּשְׁכַּח יְמִינִי.
תִּדְבַּק לְשׁוֹנִי לְחִכִּי אִם לֹא אֶזְכְּרֵכִי
אִם לֹא אַעֲלֶה אֶת יְרוּשָׁלַםִ עַל רֹאשׁ שִׂמְחָתִי.
(תהילים קלז, א–ו)

חזון עמוס

וְשַׁבְתִּי אֶת שְׁבוּת עַמִּי יִשְׂרָאֵל
וּבָנוּ עָרִים נְשַׁמּוֹת וְיָשָׁבוּ
וְנָטְעוּ כְרָמִים וְשָׁתוּ אֶת יֵינָם
וְעָשׂוּ גַנּוֹת וְאָכְלוּ אֶת פְּרִיהֶם.
וּנְטַעְתִּים עַל אַדְמָתָם

וְלֹא יִנָּתְשׁוּ עוֹד מֵעַל אַדְמָתָם אֲשֶׁר נָתַתִּי לָהֶם
אָמַר ה׳ אֱלֹהֶיךָ.

(עמוס ט, יד–טו)

מנשר נפוליאון

בשנת 1798 התחיל נפוליאון את מסעו למזרח התיכון. הוא הגיע תחילה למצרים, ולאחר מכן לפלשתינה. מתוך רגש היסטורי עמוק, הוא חש שצעד זה עשוי להתחיל את שובם של היהודים אל הארץ שממנה גלו לפני זמן רב כל כך. הוא שלח את המנשר הזה אל היהודים:

אלפי שנים של כיבוש ועריצות עשקו מכם את ארץ אבותיכם. עם זאת, לאורך כל הזמן הצלחתם בדרך כלשהי להישאר כעם. לפני זמן רב, כשהנביאים יואל וישעיהו חזו את החורבן המתקרב של ארץ מולדתם, הם גם ניבאו על היום שבו הארץ תיבנה מחדש. כעת, סוף סוף, מתחיל לזרוח אורו של אותו יום. קומו באושר, יורשיה של פלשתינה! אומה גדולה [צרפת] קוראת לכם לקחת את מה שנכבש, להישאר הבעלים שם, ולהגן עליה מפני כל הבאים עליה.

מהרו! עכשיו זהו הרגע, שאולי לא יחזור במשך דורות,

לתבוע את הזכויות שנלקחו מכם במשך אלפי שנים, ולחיות שוב כעם בין העמים.

(מנשר נפוליאון אל היהודים, פורסם בעיתון הצרפתי 'מוניטר' ב־20 באפריל 1799; צוטט על ידי פ' קובלר, 'נפוליאון ושיבת היהודים לפלשתינה', *The New Judaea*, ספטמבר 1940, עמ' 190)

שאטובריאן

זמן קצר לאחר מסעו של נפוליאון, ההיסטוריון הצרפתי שאטובריאן ביקר בירושלים. הוא פגש שם קהילה יהודית קטנה, שהתמדתה מילאה אותו ברגשי כבוד. בדברו על היישוב היהודי, הוא כתב:

הוא ראה את ירושלים נחרבת שבע עשרה פעמים, ועם זאת, אין דבר בעולם שיכול לייאש אותו או למנוע ממנו לשאת את עיניו אל ציון. מי שרואה את היהודים, מפוזרים בכל קצווי תבל, שומרים את דבר האל, משתאה ומתפעל. אך הוא יוכה בתדהמה, כמביט בנס, כשימצא אותם בירושלים, ויקלוט, שאף שעל פי החוק והצדק הם הבעלים של יהודה, הם חיים כעבדים וכזרים בארצם

שלהם, ולמרות כל ההשפלות הללו הם עדיין מחכים למלך שימסור להם אותה... אם יש דבר בין אומות העולם החתום בחותמו של נס, זהו, לדעתנו, הנס הזה.

(ר' מאהלר, *A History of Modern Jewry 1780-1815*, עמ' 612)

האמיר פייסל

לא כל המנהיגים הערביים התנגדו לציונות. היו שהכירו בקשר ההיסטורי שבין היהודים ובין ארץ ישראל. הם ידעו שנוכחות יהודית עשויה להביא שגשוג לכל האזור. המכתב הבא נכתב על ידי המלך פייסל לשופט היהודי־אמריקאי פליקס פרנקפורטר ב־3 במרץ, 1919:

אנו חשים שהערבים והיהודים הם בני דודים במוצאם. הם סבלו באופן דומה מדיכוי על ידי כוחות גדולים מהם, ובנסיבות משמחות הם יכולים לעשות את הצעד הראשון להגשמת האידיאלים הלאומיים שלהם יחד.

אנו הערבים, בעיקר המשכילים שבינינו, מביטים באהדה עמוקה על התנועה הציונית... נעשה ככל יכולתנו, ככל שהדברים נוגעים לנו, לסייע להם בדרך: אנו נאחל ליהודים בכל הלב ברכת ברוכים הבאים הביתה...

אנו עובדים יחד לקראת רפורמה ותחייה מחודשת של המזרח הקרוב, ושתי התנועות שלנו משלימות זו את זו. התנועה היהודית היא לאומית ולא אימפריאליסטית. התנועה שלנו היא לאומית ולא אימפריאליסטית, ויש מקום בסוריה [השם שניתן באותו זמן לכל השטח, שכעת כולל את סוריה, לבנון, ירדן וישראל] לשתי התנועות שלנו. אני באמת חושב שאף לא אחת תזכה להצלחה של ממש ללא האחרת...

אני, ויחד איתי העם שלי, מצפים לעתיד שבו אנחנו נעזור לכם ואתם תעזרו לנו, כך שהמדינות שבהן אנחנו מתעניינים באופן הדדי ייטלו שוב את מקומן בין קהילת האומות בנות התרבות בעולם.

(מתוך ו' לוקוור וב' רובין [עורכים], *The Israel Arab Reader*, עמ' 19–20)

וינסטון צ'רצ'יל: לטובת העולם כולו

אני מאמין שבהקמתו של בית יהודי לאומי בפלשתינה תהיה ברכה לכל העולם, ברכה לגזע היהודי המפוזר בכל העולם, וברכה לבריטניה הגדולה... התקווה של הגזע שלכם לאורך כל כך הרבה מאות תהיה מוכרת כאן

בהדרגה, לא רק לטובתכם שלכם, אלא לטובתו של העולם כולו.

(נאום בהר הצופים, 29 במרץ 1921,
מ' גילברט, *Churchill and the Jews*, עמ' 56–57)

מתוך מגילת העצמאות של ישראל

מן ההתחלה, שאפו היהודים לשלום עם שכניהם. הם קיבלו את תוכניות החלוקה השונות בשנות ה־20 וה־30 של המאה העשרים, וקיבלו את הצעת החלוקה של האו"ם בשנת 1947. שכניהם דחו את כל ההצעות. הצעות השלום חודשו מעט לאחר מלחמת ששת הימים בשנת 1967. תגובת הליגה הערבית, שנפגשה בחרטום בשנת 1967, כללה את שלושת הלאווים המפורסמים: לא לשלום, לא למשא ומתן, לא להכרה במדינת ישראל. הקריאה לשלום הייתה מרכיב מרכזי בהצהרת העצמאות של ישראל בחודש מאי 1948:

בארץ ישראל קם העם היהודי, בה עוצבה דמותו הרוחנית, הדתית והמדינית, בה חי חיי קוממיות ממלכתית, בה יצר נכסי תרבות לאומיים וכלל אנושיים והוריש לעולם כולו את ספר הספרים הנצחי.

לאחר שהוגלה העם מארצו בכוח הזרוע שמר לה אמונים

בכל ארצות פזוריו, ולא חדל מתפילה ומתקווה לשוב לארצו ולחדש בתוכה את חירותו המדינית...

אנו קוראים – גם בתוך התקפת הדמים הנערכת עלינו זה חודשים – לבני העם הערבי תושבי מדינת ישראל לשמור על שלום וליטול חלקם בבניין המדינה על יסוד אזרחות מלאה ושווה ועל יסוד נציגות מתאימה בכל מוסדותיה, הזמניים והקבועים.

אנו מושיטים יד שלום ושכנות טובה לכל המדינות השכנות ועמיהן, וקוראים להם לשיתוף פעולה ועזרה הדדית עם העם העברי העצמאי בארצו. מדינת ישראל מוכנה לתרום חלקה במאמץ משותף לקדמת המזרח התיכון כולו...

מתוך בטחון בצור ישראל הננו חותמים בחתימת ידינו לעדות על הכרזה זו, במושב מועצת המדינה הזמנית, על אדמת המולדת, בעיר תל אביב, היום הזה, ערב שבת, ה' אייר תש"ח, 14 במאי 1948.

יצחק רבין: די לדמעות ולדם

בחודש ספטמבר 1993, כראש ממשלת ישראל, יצחק רבין לחץ את ידו של יאסר ערפאת במדשאת הבית הלבן, כביטוי למה שהיה תקווה להתחלתו של תהליך שלום. הדבר לא התרחש

בפועל. בתוך שנה ישראל סבלה לראשונה ממתקפת מחבלים מתאבדים שפוצצו את עצמם ברחובותיה. בשנת 1995 יצחק רבין נרצח. הנאום שנשא באותו יום בבית הלבן הוא אחד הנאומים הגדולים במאה ה־20:

באנו היום מירושלים, בירת הנצח של עם ישראל. באנו מארץ מיוסרת, באנו מעם, מבית, ממשפחות שלא ידעו אפילו שנה אחת, חודש אחד בחייהן, שבו לא בכו אימהות על בניהן. באנו לנסות לשים קץ לשנאה, כדי שילדינו ונכדינו לא יחוו עוד את המחיר הכואב של המלחמות, הטרור והאלימות. באנו לדאוג לחייהם ולביטחונם, באנו לשכך את הכאב והזיכרונות הקשים, להתפלל ולקוות לשלום.

אומר לכם, הפלסטינים: נגזר עלינו ועליכם לחיות במשותף, על אותה כברת אדמה, באותה ארץ. אנו החיילים שחזרנו משדות הקרב חמוצי בגדים מדם, אנו שראינו את בני משפחותינו וחברינו הטובים מתים לפנינו, אנו שהולכים להלוויות ומתקשים להישיר מבט אל עיני ההורים והיתומים, אנו שבאנו מארץ אשר בה הורים קוברים את ילדיהם, אנו שלחמנו בכם, הפלסטינים, אומרים לכם היום בקול צלול: די לדמעות ולדם. די.

אין בנו שנאה כלפיכם. אין אנו תאבי נקמה. אנו, כמוכם, אנשים שרוצים לבנות בית, לטעת עץ, לאהוב ולחיות בצדכם בכבוד, באהדה, כבני אדם, כבני חורין. אנו נותנים היום סיכוי לשלום ואומרים לכם בקול צלול: עד כאן. לא עוד. הבה נתפלל שיום יבוא והכול יאמרו: הקץ לנשק.

אנו מייחלים ורוצים לפתוח פרק חדש בספר העצוב והמשותף שלנו. פרק של הכרה הדדית, פרק של שכנות טובה, פרק של יחסי כבוד, של הבנה, של ידידות. אנו מקווים לראשיתה של היסטוריה חדשה במזרח התיכון. היום, כאן, בבית הלבן בוושינגטון, מתחילה ספירה חדשה ביחסים בין העמים, בין ההורים העייפים מן המלחמות, בין הילדים שלנו שלא ידעו עוד מלחמות.

אדוני הנשיא, גבירותיי ורבותיי, את תעצומות הנפש שלנו, את ערכי המוסר הגבוהים שלנו, אנו שואבים כבר אלפי שנים מספר הספרים, שבאחד מהם – קהלת – נאמר: "לַכֹּל זְמָן וְעֵת לְכָל חֵפֶץ תַּחַת הַשָּׁמָיִם. עֵת לָלֶדֶת וְעֵת לָמוּת... עֵת לַהֲרוֹג וְעֵת לִרְפּוֹא... עֵת לִבְכּוֹת וְעֵת לִשְׂחוֹק... עֵת לֶאֱהֹב וְעֵת לִשְׂנֹא, עֵת מִלְחָמָה וְעֵת שָׁלוֹם" (קהלת ג, א–ח). גבירותיי ורבותיי, היום הגיעה עת השלום.

תפילה

ריבונו של עולם, תן שלום לארצך ולעמך ישראל. שים קץ לשפיכות הדמים ולשנאה. תן לארץ ישראל להיות מה שהיא יועדה להיות במשך ארבעת אלפים שנים: המקום שבו בני בריתך יוכלו להקים חברה המכבדת את בני האדם תחת השגחתו של אלוהים.

פרק תשיעי

נתיב קידוש השם: המטרה היהודית

הדרך של היהדות היא פרטית; הדאגה של היהדות היא כללית. לאברהם ניתנה ההבטחה: "וְנִבְרְכוּ בְךָ כֹּל מִשְׁפְּחֹת הָאֲדָמָה" (בראשית יב, ג). ישעיהו אמר שאנחנו נקראים להיות העדים של ה'. המסר שלנו הוא לא רק עבורנו.

באיזו דרך? אין אנו מנסים לגייר אחרים. אנו מאמינים שלכל חסידי אומות העולם יש חלק בעולם הבא. אך אנו שואפים להיות דוגמה חיה, השתקפות של אור ה', כהשראה לאחרים למצוא את דרכם שלהם אל ה'. זוהי, כך אנו מאמינים, הדרך היחידה לכבד את עובדת היותו של העולם, לאחר פרשת מגדל בבל, מלא בחברות ובתרבויות שונות. ה' הוא אחד, ואנחנו רבים; ועלינו ללמוד לחיות יחד בשלום. זוהי הסיבה שבגינה אין אנו מבקשים לכפות את האמונה שלנו על אחרים. את האמת מעבירים על ידי השפעה ולא על ידי כוח; על ידי שמשמשים דוגמה, ולא על ידי הטלת פחד.

אחרים הבינו זאת לגבינו, והציטוטים בפרק זה הם עדות לכך. ווינסטון צ'רצ'יל אמר שהמערב צריך להודות ליהודים על "מערכת של ערכי מוסר, שגם אם היא תהיה מנותקת לחלוטין מן העל־טבעי, היא תהיה לאין ערוך הרכוש היקר ביותר של המין האנושי, השווה למעשה לפירות של כל שאר הלימודים והחוכמות יחד".

בזמן שבו היינו עדים להתחדשות האנטישמיות, השנאה העולמית הקדומה ביותר, חשוב לדעת שאכן יש לנו אויבים, אך יש לנו גם חברים. יש המותחים עלינו ביקורת, אך יש את אלה שאף שאינם מבקשים להפוך ליהודים, שאבו השראה מחיי היהדות. אנו חייבים להם, ולא רק לעצמנו, להיות נאמנים לייעודנו: להיות שליחיו של ה' עלי אדמות.

* * *

רוסו: תופעה מדהימה

ז'אן ז'אק רוסו (1778–1712) היה אחד מהוגי הדעות הפוליטיים המשמעותיים ביותר בתקופה המודרנית: חיבורו 'האמנה החברתית' היה למקור השראה למהפכה הצרפתית. הפתק הבא נמצא לאחר מותו בין כתביו שלא פורסמו:

> מחזה נדיר ומדהים הוא לראות עם גולה, שאין לו לא מקום ולא ארץ במשך קרוב לאלפיים שנים, עַם המעורב עִם זרים, שייתכן שאין לו יותר צאצאים מן המוצא הקדום שלו, מפוזר בכל קצווי תבל, משועבד, נרדף, נלעג על ידי כל האומות, ועם זאת, שומר על המאפיינים הייחודיים שלו, על חוקיו, על מנהגיו, על אהבתו הפטריוטית לאיחוד החברתי הקדום, כשכל הקשרים איתו נראים מנותקים.

היהודים סיפקו לנו מראה מדהים: החוקים של נומה, ליקורגוס, סולון, כבר מתו, אך החוקים הקדומים הרבה יותר של משה עדיין קיימים. אתונה, ספרטה, רומא, חרבו ולא נותרו להם צאצאים עלי אדמות; ואילו ציון חרבה, אך לא איבדה את בניה.

הם התערבו בין כל העמים אך לא נבלעו בתוכם, אין להם מנהיגים אך הם עדיין אומה; אין להם יותר מולדת, אך הם עדיין אזרחיה... כל אדם באשר הוא חייב להכיר בכך כנס ייחודי, שסיבותיו, אלוהיות או אנושיות, ראויות בהחלט ללימוד ולהערצה של החכמים, יותר מאשר כל מה שהיה ליוון ולרומא להציע בנוגע למה שראוי להערצה בדרכם של מוסדות פוליטיים ויישובים אנושיים.

(כתב היד נמצא בספרייה הציבורית של נושטל, שווייץ; *Cahiers de brouillons, notes et extraits, no. 7843*)

הנשיא ג'ון אדמס: יהדות ותרבות

ג'ון אדמס (1826–1735) היה סגן הנשיא הראשון של ארה"ב (1797–1789) ונשיאה השני (1801–1797).

אני עומד על כך שהיהודים נתנו לאנשי התרבות יותר מכל עם אחר. לו הייתי אתאיסט, ומאמין בגורל נצחי עיוור,

הייתי עדיין מאמין שהגורל גזר שהיהודים יהיו הכלי החיוני ביותר כדי לתרבת את העמים. לו הייתי אתאיסט מן הסוג האחר, המאמין או מעמיד פנים כמאמין שהכול מסודר במקרה, הייתי אומר שהמקרה נתן ביד היהודים לשמר ולהפיץ לכל המין האנושי את הדוקטרינה של שלטון עליון, חכם, נבון ורב עוצמה, שאני מאמין שהוא עיקרון חיוני גדול לכל המוסר, וכתוצאה מכך לכל התרבות.

(מכתבו של הנשיא אדמס לפ"א ונדרקמפ,
16 בפברואר 1809, מתוך ס"פ אדמס [עורך],
The Works of John Adams, כרך 9, עמ' 609–610)

לב טולסטוי: נצחי כמו הנצח עצמו

לב טולסטוי (1828–1910), מחבר **מלחמה ושלום** ו**אנה קרנינה**, היה אולי גדול הסופרים בכל הזמנים. בשנת 1887 הייתה לו חוויה דתית אינטנסיבית, ולאחריה הוא הקדיש את רוב חייו לדת ולחזון חדש של חברה, שהשפיע על כמה מראשוני הציונים, כמו גם על גנדי ומרטין לותר קינג. בין כתביו נמצאו הדברים הבאים:

היהודי הוא אותה ישות קדושה, שהורידה מן השמיים את אש התמיד והאירה בה את כל העולם. הוא המקור, המוצא והמעיין שממנו כל שאר העמים שאבו את אמונותיהם ודתותיהם... היהודי מסמל את הנצח. הוא, ששום רצח

או עינוי במשך אלפי שנים לא הצליחו לשבור; הוא, אשר שום אש וחרב ואף לא האינקוויזיציה יכלו למחות את פניו מעל האדמה; הוא, אשר היה הראשון לייצר את כתבי הקודש של האלוהים; הוא, אשר היה לזמן רב כל כך שומר הנבואה, ושהעביר אותה לשאר העולם – עם כזה אינו יכול להישבר. היהודי הוא נצחי כמו הנצח עצמו.

(מתוך מכתב שנמצא בארכיון של
המדינאי הבולגרי פ' גבאי, בתוך: א' גולד,
What Did They Think of the Jews?, עמ' 180–181)

מארק טווין: כל הברואים חדלים פרט ליהודי

מארק טווין היה שם העט של הסופר האמריקאי סמואל לנגהורן קלמנס (1835–1910). הפִּסקה המפורסמת הבאה לקוחה מתוך כתבה שכתב בשנת 1899, בתשובה לבקשה להבהיר את עמדתו בנוגע ליהודים:

אם הסטטיסטיקה מדויקת, הרי שהיהודים הם רק אחוז אחד של הגזע האנושי. כוכב קטן מהבהב, עכור ועלוב, האובד בזוהר שביל החלב.

הגיוני היה שבקושי היינו שומעים על היהודי, אבל שומעים, ותמיד שמעו עליו. הוא זוהר ככוכב לכת בשמיים

לא פחות מן המעצמות הגדולות. חשיבותו הכלכלית מרקיעה שחקים בחוסר כל יחס למספרו באוכלוסייה הכללית.

תרומתו לרשימת הכבוד של אישים בספרות, מדע, אומנות, מוזיקה, כלכלה, רפואה ומדעי הרוח חורגת מכל קנה מידה. הוא ידע להילחם על נפשו, בכל הדורות, גם כאשר ידיו כפותות לאחור. הוא יכול היה להתגאות בכך, או להתנצל על כך.

המצרים, הבבלים והפרסים קמו בזמנם, מילאו את שָׁמֵינוּ ככוכבי שביט עד שזיוום דעך ונמוג לחלוטין; בעקבותיהם באו היוונים והרומאים ברעמים כבירים עד שנשתתקו ונעלמו. עמים אחרים זינקו והחזיקו בלפיד הגדול עד שכבה, וכיום הם יושבים בחֲשֵכה תחת השמש. היהודי ראה את כולם, ניצח את כולם, והוא כעת כפי שהיה מאז ומתמיד, איננו מראה שום סימן של התנוונות, שום תופעה של זקנה, לא תשישות ולא אובדן תנופה. ערנותו לא כהתה וחוכמתו לא פגה. כל הברואים חדלים פרט ליהודי, כל עוצמה כורעת ורק שלו שרירה וקיימת. מהו סוד חיי הנצח שלו?.

(מארק טוויין, 'בנוגע ליהודים',
Harper's Magazine, יוני 1899)

ניקולאי ברדיאייב: הפרכת החומרנות

ניקולאי ברדיאייב (1948–1874) היה מרקסיסט שלימד פילוסופיה באוניברסיטת מוסקבה. בהמשך חייו הוא זנח את רעיונות המרקסיזם והקדיש את עצמו לדת. בספרו 'משמעות ההיסטוריה' הוא מתאר כיצד הוא הגיע להכרה שהיהודים הפריכו את רעיונות המרקסיזם שהייעוד של האומות נשלט על ידי כוחות חומרניים בלבד:

> אני זוכר כיצד הפרשנות החומרנית של ההיסטוריה, כשהתאמצתי בצעירותי לאמת אותה על ידי התאמתה לגורלותיהם של העמים, קרסה במקרה של היהודים, כשהגורל נראה בלתי ניתן להבנה לחלוטין מזווית ראייה חומרנית... הישרדותם היא תופעה מסתורית ונפלאה המעידה שחייו של העם הזה נשלטים מכוחה של גזרה קדומה מיוחדת, המתעלה מעבר לתהליכי ההסתגלות שהתבארו על ידי הפרשנות החומרנית של ההיסטוריה. הישרדותם של היהודים, התנגדותם להרס ולחורבן, כוח העמידה שלהם תחת תנאים בלתי סבירים בעליל, והתפקיד החשוב שהם מילאו לכל אורך ההיסטוריה – כל אלו מצביעים על היסודות המיוחדים והמסתוריים של גורלם.

(נ' ברדיאייב, *The Meaning of History*, 1936, עמ' 86–87)

ווינסטון צ'רצ'יל: הגזע המופלא

> יש האוהבים את היהודים, ויש שלא. אבל אין אדם בר דעת שיכול להכחיש את העובדה שהם ללא ספק הגזע המופלא והמעורר יראת כבוד ביותר שהופיע אי־פעם בעולם.

(מ' גילברט, *Churchill and the Jews*, עמ' 308)

פול ג'ונסון: אמונה בייעוד האנושי

פול ג'ונסון (1928–2023) היה היסטוריון קתולי, עורכו של העיתון 'ניו סטייטסמן' ועורכו של הספר 'היסטוריה של היהודים', שממנו לקוחות הפסקאות הבאות:

> אף עם לא היה נחוש יותר מן היהודים באמונתו שלהיסטוריה יש תכלית ולאנושות יש ייעוד. בשלב מוקדם מאוד של קיומם הקולקטיבי, הם האמינו שזיהו תבנית אלוהית בעבור המין האנושי, ושהחברה שלהם תשמש כניסוי הכלים שלה. הם ליטשו את תפקידם לפרטי פרטים. הם נאחזו בו בהתמדה הרואית למול סבל אדיר. רבים מהם עדיין מאמינים בו. אחרים המירו אותו במאמצים פרומתאיים לשפר את מצבנו באמצעים אנושיים גרידא. החזון היהודי הפך לאב הטיפוס של לא

מעט תוכניות־על דומות עבור האנושות, הן אלוהיות והן יצירות המוח האנושי. היהודים, לפיכך, עומדים בלב ליבו של הניסיון הנצחי להעניק לחיי האדם תכלית שתיצוק בהם כבוד.

כל התגליות הרעיוניות בזירה האינטלקטואלית נראות מובנות מאליהן ובלתי נמנעות אחרי שהתגלו, אך נדרשת גאונות מיוחדת כדי לנסח אותן לראשונה. היהודים ניחנו במתת האל הזאת. אנו חבים להם את רעיון השוויון בפני החוק, האלוהי והאנושי גם יחד; את קדושת החיים ואת כבוד האדם וגופו; את מצפונו של היחיד ולפיכך גם את הגאולה האישית; את המצפון הקולקטיבי ולפיכך גם את האחריות החברתית; את השלום כאידיאל מופשט ואת האהבה כבסיסו של הצדק, ופריטים רבים אחרים במערך הריהוט המוסרי הבסיסי של נפש האדם. ללא היהודים היה העולם הזה מקום ריק בהרבה.

(פ' ג'ונסון, **היסטוריה של היהודים**,
עמ' 12, 552)

וויליאם ריס־מוג: מתנת המחשבה

וויליאם ריס־מוג (1928–2012) היה סופר ועיתונאי, ועורכו של עיתון ה'טיימס'.

> אחת המתנות שנתנה התרבות היהודית לנצרות היא שהיא לימדה את הנוצרים לחשוב כמו יהודים, וכל אדם מודרני שלא למד לחשוב כאילו הוא יהודי יכול בקושי לומר שהוא למד לחשוב בכלל.
>
> (ו' ריס־מוג, *The Reigning Error*, עמ' 11)

א"ל רוז: התואר המכובד

א"ל רוז (1997–1903), חבר סגל מכללת אול סולס (באוניברסיטת אוקספורד), היה היסטוריון, משורר, מומחה בכתבי שייקספיר ומחברם של כמאה ספרים. ההערה הבאה היא המשפט שלפני האחרון בספר שנדפס זמן קצר לפני מותו:

> אם יש כבוד כלשהו בעולם שהייתי רוצה בו, הוא להיות אזרח כבוד יהודי.
>
> (א"ל רוז, *Historians I Have Known*, 1955)

תומס קהיל: מעצבי המערב

תומס קהיל (2022–1940), היסטוריון קתולי, למד יהדות במשך שנתיים כהכנה לספרו **מתת היהודים**, שממנו לקוחות הפסקאות הבאות:

> היהודים הם שהתחילו בכל זה. ב"זה" כוונתי להרבה מאוד

דברים הקרובים לליבנו ולערכי היסוד המהווים בסיס לחיי כולנו, יהודים וגויים, מאמינים וחילונים. אלמלא היהודים, היינו רואים את העולם בעיניים שונות, שומעים את הדברים באוזניים שונות, ואפילו הרגשות שלנו היו שונים...

תפקיד המערב בתולדות האנושות הוא מיוחד, לטוב ולרע. על כן, תפקידם של היהודים, ממציאי התרבות המערבית, גם הוא מיוחד: פשוט, אין מי שידמה להם. הייעוד שלהם יחיד במינו. ואכן, כפי שנראה, עצם המושג 'ייעוד', גורל אישי, הוא מושג יהודי.

היהודים נתנו לנו את החוץ ואת הפנים, את תפיסת עולמנו ואת חיינו. אין אנו יכולים לקום בבוקר או לחצות את הכביש מבלי להיות יהודים. אנחנו חולמים חלומות יהודיים ומטפחים תקוות יהודיות. למעשה, רוב המושגים החיוביים שלנו – חדש, הרפתקה, הפתעה; מיוחד, אישי, אדם, ייעוד; זמן, היסטוריה, עתיד; חופש, קדמה, רוח; אמונה, תקווה, צדק – הם מתת היהודים.

(ת' קהיל, **מתת היהודים**, עמ' 7, 198)

אנדרו מאר: סיפורים לכולנו

אנדרו מאר (נולד ב־1959) הוא עיתונאי, פילוסוף פוליטי ושדרן.

הציטוט הבא לקוח ממאמר שכתב ב'אובזרוור':

ליהודים היו תמיד סיפורים לכולנו. היה להם התנ"ך, אחת היצירות הגדולות ביותר של הרוח האנושית. הם היו קורבן של הנורא ביותר שהמודרניות יכולה לעולל, מראה לשיגעון המערבי. יותר מכול היה להם סיפור התרבות שלהם והישרדותם הגנטית מן האימפריה הרומית ועד לשנות האלפיים, מפלסים את דרכם ומשגשגים בין שבטים אירופיים חסרי הבנה ועוינים.

הסיפור הזה, הפוסט־תנ"ך שלהם, סיפור הגבורה של גופם, לא של מילים בלבד, היה כרוך במאמץ תחרותי קשוח במשך דורות שהוביל, בסופו של דבר, לאורם של גאונים יחידים באירופה ובאמריקה. פרט לציור, ריקוד מוריס ומוזיקת ראפ, קשה לחשוב על תחומים רבים של המאמץ המערבי שבהם לא הייתה ליהודים הצלחה בלתי פרופורציונלית. בשביל הלא־יהודי, שאיננו מאמין ברעיון של עם שנבחר על ידי האל, הלקח הוא שדורות של אנשים החיים בחוכמתם ובעבודה קשה, מחוץ לאזור הנוחות הבטוח, יקימו מתוכם יותר איינשטיינים, וויטגנשטיינים וטרוצקים. התרבות חשובה...

היהודים באמת היו אחרים. הם העשירו את העולם ואתגרו אותו.

(א' מאר, ה'אובזרוור', 14 במאי 2000)

תפילה

ריבונו של עולם, עזור לי לפעול בעולם באופן שאביא כבוד לשמך.

פרק עשירי

נתיב האחריות: העתיד היהודי

על כל יהודי כיום יש 183 נוצרים ו־100 מוסלמים. יותר משלושת אלפים שנה לאחר שנאמרו, דבריו של משה נשארו אמיתיים: "לֹא מֵרֻבְּכֶם מִכָּל הָעַמִּים חָשַׁק ה' בָּכֶם וַיִּבְחַר בָּכֶם, כִּי אַתֶּם הַמְעַט מִכָּל הָעַמִּים" (דברים ז, ז). היינו מעט אז, אנחנו מעט גם עכשיו.

מדוע בחר ה' את העם הקטן הזה למטרה גדולה כל כך, להיות העדים שלו בעולם, העם שיילחם באלילי הזמן בכל תקופה, נושאי המסר ההומני שלו? מדוע אנו כל כך מעטים? מדוע קיים הדיסוננס הזה שבין גדולתה של השליחות ובין קטנותו של העם האחראי לשאת אותה איתו?

יש פסוק מוזר בתורה: "כִּי תִשָּׂא אֶת רֹאשׁ בְּנֵי יִשְׂרָאֵל לִפְקֻדֵיהֶם, וְנָתְנוּ אִישׁ כֹּפֶר נַפְשׁוֹ לַה' בִּפְקֹד אֹתָם, וְלֹא יִהְיֶה בָהֶם נֶגֶף בִּפְקֹד אֹתָם" (שמות ל, יב). אי אפשר לטעות במשמעות הדברים. **מסוכן לספור את היהודים**. מאות שנים מאוחר יותר, דוד המלך התעלם מן האיסור, ומגפה גדולה פרצה בעם. מדוע מסוכן לספור יהודים?

אומות עורכות מפקדים מתוך הנחה שיש כוח במספרים: ככל שהעם גדול יותר, כך כוחו גדול יותר. לכן מסוכן לספור יהודים. אם היהודים היו מאמינים אי פעם שהכוח שלהם תלוי במספרים, הם היו נכנעים, חלילה, לייאוש. בארץ ישראל הם היו תמיד כוח קטן, מוקף על ידי אימפריות. בגולה, בכל מקום הם היו מיעוט.

היכן אפוא שוכן הכוח היהודי אם לא במספרים? התורה נותנת תשובה יפה ונפלאה. ה׳ אמר למשה: אל תספור יהודים. אמור להם לתת, ואז תספור את התרומות שלהם. במושגים של מספרים אנחנו קטנים. אבל במושגים של תרומות, אנחנו עצומים. כמעט בכל תקופה יהודים נתנו משהו לעולם: התורה, ספרות הנביאים, מזמורי תהילים, חוכמתם של הרבנים במשנה, במדרש ובתלמוד; הספרייה הנרחבת של ימי הביניים של פרשנויות וחוקים, פילוסופיה ומיסטיקה. לאחר מכן, כשדלתות החברה המערבית נפתחו, השאירו היהודים חותם בתחומים רבים בזה אחר זה: עסקים, תעשייה, אומנות ומדע, קולנוע, תקשורת, רפואה, משפטים, וכמעט בכל תחום של החיים האקדמיים. הם חוללו מהפכה במחשבה בפיזיקה, בכלכלה, בסוציולוגיה, בפסיכולוגיה ובאנתרופולוגיה. יהודים זכו בפרסי נובל ללא כל פרופורציה למספרים שלנו.

ההסבר הפשוט הוא ש**להיות יהודי זה להיות נקרא לתת**, לתרום, לשנות, לסייע במשימה המונומנטלית שהעסיקה את היהודים משחר ההיסטוריה שלנו: להפוך את העולם מקום להשראת השכינה, מקום של צדק, חמלה, כבוד האדם וקדושת החיים. אף על פי שאבותינו העריכו את הקשר שלהם עם ה׳, הם מעולם לא ראו זאת כזכות. הם ידעו שזאת אחריות. ה׳ ביקש דברים גדולים מהעם היהודי, ובכך עשה אותם גדולים.

כשהדברים מגיעים לנתינת תרומה, המספרים אינם נחשבים. מה שחשוב הוא מחויבות, תשוקה ודבקות במטרה. דווקא בגלל שאנחנו קטנים כל כך כעם, כל אחד מאיתנו נחשב. כל אחד מאיתנו תורם לשינוי בגורל היהדות ובגורל העם היהודי. זכריה אמר זאת בצורה הטובה ביותר: "לֹא בְחַיִל וְלֹא בְכֹחַ כִּי אִם בְּרוּחִי אָמַר ה' צְבָאוֹת" (זכריה ד, ו).

כוח פיזי צריך מספרים. ככל שהעם גדול יותר, כך יש לו יותר כוח. אולם כשמגיעים לכוח רוחני, אין צורך במספרים, אלא בתחושת אחריות. יש צורך בעם, שכל אחד ממנו יודע שהוא או היא חייבים לתרום משהו ליהדות ולסיפור האנושי. השאלה היהודית איננה מה העולם יכול לתת לי, אלא מה אני יכול לתת לעולם. היהדות היא קריאתו של ה' לאחריות.

* * *

הנני

וָאֶשְׁמַע אֶת קוֹל אֲדֹנָי אֹמֵר אֶת מִי אֶשְׁלַח וּמִי יֵלֶךְ לָנוּ?
וָאֹמַר: הִנְנִי שְׁלָחֵנִי. (ישעיהו ו, ח)

לא תעמוד על דם רעך

לֹא תַעֲמֹד עַל דַּם רֵעֶךָ אֲנִי ה'. (ויקרא יט, טז)

לקיחת אחריות

וַיֹּאמֶר מָרְדֳּכַי לְהָשִׁיב אֶל אֶסְתֵּר אַל תְּדַמִּי בְנַפְשֵׁךְ לְהִמָּלֵט בֵּית הַמֶּלֶךְ מִכָּל הַיְּהוּדִים. כִּי אִם הַחֲרֵשׁ תַּחֲרִישִׁי בָּעֵת הַזֹּאת רֶוַח וְהַצָּלָה יַעֲמוֹד לַיְּהוּדִים מִמָּקוֹם אַחֵר וְאַתְּ וּבֵית אָבִיךְ תֹּאבֵדוּ וּמִי יוֹדֵעַ אִם לְעֵת כָּזֹאת הִגַּעַתְּ לַמַּלְכוּת.

(אסתר ד, יג–יד)

גורל משותף

משל לבני אדם שהיו יושבין בספינה, נטל אחד מהן מקדח והתחיל קודח תחתיו. אמרו לו חבריו: מה אתה יושב ועושה? אמר להם: מה אכפת לכם? לא תחתי אני קודח? אמרו לו: שהמים עולין ומציפין עלינו את הספינה.

(ויקרא רבה פרשת ויקרא פרשה ד, ו)

העיקרון היסודי

כל ישראל ערבים זה בזה.

(ספרא, בחוקותי פרשה ב, ז)

חוכמתו של הלל

הוא היה אומר: אם אין אני לי – מי לי? וכשאני לעצמי –

מה אני? ואם לא עכשיו – אימתי?.
(אבות א, יד)

הצעד הבא יכול לשנות את העולם

צריך כל אדם שיראה עצמו כל השנה כולה כאילו חציו זכאי וחציו חייב, וכן כל העולם חציו זכאי וחציו חייב, חָטָא חֵטְא אחד – הרי הכריע את עצמו ואת כל העולם כולו לכף חובה וגרם לו השחתה, עשה מצוה אחת – הרי הכריע את עצמו ואת כל העולם כולו לכף זכות וגרם לו ולהם תשועה והצלה, שנאמר: "וצדיק יסוד עולם" (משלי י, כה) – זה שצדק הכריע את כל העולם לזכות והצילו.
(רמב"ם, הלכות תשובה ג, ד)

לא נשאר מי שירים את קולו

בגרמניה, הם באו לקחת תחילה את הקומוניסטים, אך לא הרמתי את קולי כי לא הייתי קומוניסט. אחר כך הם באו לקחת את היהודים, אך לא הרמתי את קולי כי לא הייתי יהודי. אחר כך הם באו לקחת את חברי האיגוד המקצועי, אך לא הרמתי את קולי כי לא הייתי חבר האיגוד המקצועי. אחר כך הם באו לקחת את הקתולים, אך לא הרמתי את קולי כי הייתי פרוטסטנטי. ואז הם באו לקחת אותי, אך

כבר לא נשאר מי שירים את קולו.

(מרטין נימלר, 1946)

כוכב הים

זקן אחד היה מהלך על שפת הים עם שחר, כשלפתע הבחין בבחור צעיר המרים כוכבי ים שנותרו על החוף בזמן הגאות, וזורק אותם חזרה לים בזה אחר זה. הזקן הלך אל הצעיר ושאל אותו מדוע הוא עושה כך. הצעיר השיב שכוכבי הים ימותו אם יישארו על החוף חשופים לאור שמש הבוקר. 'אולם החוף מתמשך לאורך מילים רבים, ונותרו עליו אלפי כוכבי ים. לא תוכל להציל את כולם. מה משנה המאמץ שלך?'. הצעיר הביט בכוכב הים שבידו, ואז זרק אותו בבִטחה לעבר הגלים. 'בשבילו', השיב, 'זה משנה'.

(לורן אייסלי, 'זורק הכוכב')

הצדיקים הטהורים אינם קובלים

הצדיקים הטהורים אינם קובלים על הרשעה, אלא מוסיפים צדק; אינם קובלים על הכפירה, אלא מוסיפים אמונה; אינם קובלים על הבערות, אלא מוסיפים חוכמה.

(הרב אברהם יצחק הכהן קוק, **ערפילי טוהר**, עמ' לט)

להציל עשוק מיד עושקו

סיפר לי דודי הרב מאיר ברלין [בר אילן], כי פעם שאל את ר' חיים, איש בריסק, מה היא תעודת הרב. ענה ר' חיים ואמר: 'לתבוע עלבונם של גלמודים ועזובים, להגן על כבוד עניים ולהציל עשוק מיד עושקו'.

(הרב יוסף דוב סולוביצ'יק, **איש ההלכה**, עמ' 80)

רבי טרפון: לא עליך המלאכה לגמור

רבי טרפון אומר: היום קצר, והמלאכה מרובה, והפועלים עצלים, והשכר הרבה, ובעל הבית דוחק.

הוא היה אומר: לא עליך המלאכה לגמור, ולא אתה בן חורין ליבטל ממנה. (אבות ב, טו–טז)

ברכה לאחרים

להיות יהודי זה להיות ערני לעוני, לסבל ולבדידות של אחרים. קרל מרקס קרא לדת 'אופיום להמונים'. אין דת שפחות מתאימה להגדרה זו מאשר היהדות. אופיום מבטל את הרגישות שלנו לכאב. היהדות מחדדת את הרגישות שלנו אליו.

אין יהודי שחי את היהדות ושיכול להיות בלי מצפון חברתי. להיות יהודי משמעו לקבל אחריות. העולם לא ייעשה טוב יותר מאליו. גם אנחנו לא נהפוך אותו למקום אנושי יותר בכך שנשאיר זאת לאחרים – פוליטיקאים, פובליציסטים, מוחים, מובילי קמפיינים – שנהפוך אותם לסוכנים שלנו להביא גאולה בשמנו. החיים הם השאלה שה' שואל אותנו, הבחירות שלנו הן התשובה.

להיות יהודי משמעו להיות ברכה לאחרים. זה מה שאמר ה' לאברהם במילים הראשונות שאמר לו, מילים שלפני ארבעת אלפים שנים הניעו את ההיסטוריה היהודית: "וְנִבְרְכוּ בְךָ כֹּל מִשְׁפְּחֹת הָאֲדָמָה" (בראשית יב, ג). להיות יהודי אין פירושו לבקש ברכה, אלא להיות ברכה.

יהדות עוסקת ביצירת אנרגיה רוחנית: אנרגיה, שאם היא מנוצלת לטובתם של אחרים, היא משנה חיים ומתחילה לשנות את העולם. חיים יהודיים הם לא החיפוש לגאולה אישית. הם השאיפה חסרת המנוח להפוך את העולם למקום שבו ה' יכול להרגיש בבית. יש אלף דרכים שבהן אנחנו יכולים לסייע לעשות זאת, וכל אחת מהן יקרה, ואין לאחת מהן עדיפות על פני האחרת.

כשאנו נותנים, כשאנו אומרים 'אם זה לא בסדר, תן לי

להיות בין הראשונים לעזור לתקן את זה', אנו יוצרים רגעים של יופי מוסרי בלתי נדלה. אנו יודעים כמה אנחנו קטנים, וכמה אין אנחנו מתאימים למשימות שהציב לנו אלוהים. אפילו גדול היהודים שבכל הזמנים, משה, החל את שיחתו עם אלוהים במילים "מי אנכי?". אבל לא אנחנו הם אלו שמתחילים בלהיות ראויים לאתגר; זהו האתגר שהופך אותנו לראויים אליו. אנחנו גדולים כגודל האידיאלים שלנו. ככל שהם גבוהים יותר, כך אנו נעשים גבוהים יותר.

(הרב יונתן זקס, *From Renewal to Responsibility*)

תפילה

ריבונו של עולם, עזור לי לפעול בדרך שבה בשנה הבאה אוכל לומר: שמעתי, הגבתי, נתתי, צמחתי. כתוב אותנו, כדי שנוכל לכתוב אחרים, בספר החיים.

אפילוג

מדוע אני יהודי?

אני גאה להיות יהודי. גאווה איננה יהירות. יהירות היא האמונה שאתה טוב יותר מאחרים. גאווה היא פשוט לדעת שכל אחד מאיתנו שונה ולחיות בשלום עם העובדה הזו, לעולם לא "לרצות את הכישרון של האיש הזה ואת המרחב של האיש ההוא" (שייקספיר). יהירות מקטינה אחרים, ולכן מקטינה אותנו. גאווה מעריכה אחרים, כיוון שלמדנו להעריך את עצמנו.

למדתי את הלקח הזה מספן ישראלי זקן באילת. הלכנו לשם, אשתי ואני, למצוא קצת שמש אחרי חורף צפוני קר. אילת שוכנת במדבר בין גבעות חומות וקירחות. בוקר אחד החלטנו לצאת לשיט באחת הסירות בעלות תחתית הזכוכית, שדרכה ניתן לראות את הדגים הצבעוניים השטים במימי אילת. היינו הנוסעים היחידים בשיט הזה.

הקפטן שמע אותנו מדברים, ושאל אותנו: 'האם אתם מאנגליה?'. 'כן', השבנו. מדוע הוא רצה לדעת? 'אה', הוא אמר, 'בדיוק חזרתי מחופשה משם'. מה הוא חשב על אנגליה? 'נפלא! הדשא כל כך ירוק! הבניינים כל כך ישנים! האנשים כל כך מנומסים!'. ואז, חיוך גדול מילא את פניו, הוא פרש את ידיו והסתכל מסביב אל גבעות המדבר הקירחות, ואמר באושר אינסופי: 'אבל זה – שלנו!'.

באותו רגע הבנתי מה זה להיות יהודי. יש תרבויות אחרות, חברות אחרות, עמים אחרים, אמונות אחרות. כל אחד תרם משהו ייחודי לחוויה הכוללת של האנושות. יהודים לא כתבו את הסונטות של שייקספיר או את הקונצרטים של בטהובן. לא הענקנו לעולם את היופי השלו של גן יפני, או את הארכיטקטורה של יוון העתיקה. אני אוהב את הדברים האלה ומעריץ את המסורות שיצרו אותם. 'אבל זה – שלנו'. זוהי האמונה שלנו, העם שלנו, המורשת שלנו. בכך שאני אוהב אותם, אני לומד לאהוב את האנושות על כל המגוון שלה. כשאני בשלום עם עצמי, אני מוצא שלום עם העולם.

אני יהודי לא בגלל אנטישמיות, וגם לא כדי למנוע מהיטלר ניצחון שלאחר המוות. מה שקורה לי לא מגדיר מי אני: אנחנו עם של אמונה, לא של גורל. אני יהודי גם לא בגלל שאני חושב שיהודים טובים יותר מאחרים, יותר חכמים, ישרים, שומרי חוק, יצירתיים, נדיבים או מוצלחים. ההבדל אינו נעוץ ביהודים, אלא ביהדות; לא במה שאנחנו, אלא במה שאנו נקראים להיות.

אני יהודי כי בהיותי בן לעמי, שמעתי את הקריאה להוסיף את הפרק שלי לסיפורו הלא גמור. אני שלב במסע שלו, חוליה מקשרת בין הדורות. החלומות והתקוות של אבותיי חיים בתוכי, ואני השומר על האמת שלהם, עכשיו ולעתיד.

אני יהודי כי אבותינו היו הראשונים שראו שהעולם מוּנע על ידי תכלית מוסרית, שהמציאות איננה מלחמה בלתי פוסקת של היסודות, שסגדו להם כמו אלים, וההיסטוריה איננה קרב שבו החזק מנצח ושצריך לפייס את בעל הכוח. המסורת היהודית עיצבה את הציוויליזציה המוסרית של המערב, לימדה לראשונה שחיי אדם מקודשים, שלעולם אין להקריב את הפרט למען ההמונים, ושעשירים ועניים, גדולים וקטנים, כולם שווים בפני אלוהים.

אני יהודי כי אני צאצא של אלו שעמדו למרגלות הר סיני והתחייבו לחיות לפי האמיתות הללו, ולהיות ממלכת כוהנים וגוי קדוש. אני צאצא של אין־ספור דורות של אבותינו, שאף על פי שנבחנו ועמדו בניסיונות קשים ומרים, נשארו נאמנים לאותה ברית, אף שהיו יכולים לברוח ממנה בקלות.

אני יהודי בגלל השבת, היסוד הדתי המשמעותי ביותר בעולם. פרק זמן שבו אין ניצול של הטבע או של אחינו בני האדם, שבו אנו מתאחדים בחופש ובשוויון ליצור, מדי שבוע, ציפייה לימות המשיח.

אני יהודי כי העם שלנו, אף על פי שלעיתים סבל מהעוני החמור ביותר, מעולם לא ויתר על מחויבותו לעזור לעניים, או להציל יהודים מארצות אחרות, או להילחם למען צדק עבור המדוכאים,

ועשה זאת מבלי להחזיק טובה לעצמו, אלא רק משום שזו מצווה, כי יהודי איננו יכול לעשות פחות מכך.

אני יהודי כי אני מוקיר את התורה, מתוך ידיעה שאלוהים נמצא לא בכוחות הטבע אלא בתובנות מוסריות, במילים, בטקסטים, בחוקים ובמשפטים, ומכיוון שהיהודים, אף שחסר להם כל השאר, מעולם לא הפסיקו להעריך את החינוך כמשימה קדושה, המעניקה ליחיד כבוד ועומק.

אני יהודי בגלל האמונה הנלהבת של עמנו בחופש, הגורסת שכל אחד מאיתנו הוא סוכן של המוסר, וכי בכך טמון כבודנו הייחודי כבני אדם; ובשל העובדה שהיהדות מעולם לא השאירה את האידיאלים שלה רק ברמה של שאיפות גבוהות, אלא תרגמה אותם למעשים, שאנו קוראים להם מצוות, ולדרך, שאנו קוראים לה הלכה, ובכך הורידה את השמיים ארצה.

אני פשוט גאה להיות יהודי.

אני גאה להיות חלק מעם שאף על פי שהוא מצולק וטראומתי, מעולם לא איבד את חוש ההומור שלו או את אמונתו, את יכולתו לצחוק על הצרות הנוכחיות ועדיין להאמין בגאולה הסופית; שראה את ההיסטוריה האנושית כמסע, ולא הפסיק לתור ולחפש.

אני גאה להיות חלק מתקופה שבה העם שלי, שנפגע מהפשע

הנורא ביותר שאי פעם בוצע נגד עם, הגיב בהחייאת הארץ, בהחזרת ריבונותו עליה, בהצלת יהודים מאוימים ברחבי העולם, בבנייה מחדש של ירושלים, ובהוכחת האומץ שלו במרדף אחרי השלום כמו בהגנה על עצמו במלחמה.

אני גאה בכך שאבותינו סירבו להסתפק בנחמות בטרם עת, ובתשובה לשאלה 'האם המשיח בא?' תמיד ענו: 'עדיין לא'.

אני גאה להשתייך לעם ישראל שפירוש שמו הוא "כִּי שָׂרִיתָ עִם אֱלֹהִים וְעִם אֲנָשִׁים וַתּוּכָל" (בראשית לב, כט). כי אף על פי שאהבנו את האנושות, מעולם לא הפסקנו להיאבק בה, ולאתגר את האלילים של כל תקופה. ואף על פי שאהבנו את אלוהים באהבת נצח, מעולם לא הפסקנו להיאבק איתו ולא הוא איתנו.

ואף שאני מעריץ תרבויות ואמונות אחרות, ומאמין שכל אחת מהן הביאה משהו מיוחד לעולם, עדיין זהו העם שלי, המורשת שלי, אלוהים שלי. בייחודיות שלנו טמונה האוניברסליות שלנו. על ידי כך שאנחנו לבד, אנחנו נותנים לאנושות את מה שרק אנחנו יכולים לתת.

זהו הסיפור שלנו, המתנה שלנו לדור הבא. קיבלתי אותו מההורים שלי, והם מהוריהם לאורך מרחבים גדולים של חלל וזמן. אין משהו הדומה לכך ממש. הסיפור הזה שינה ועדיין

מאתגר את הדמיון המוסרי של האנושות. אני רוצה לומר לדור הבא: קחו אותו, הוקירו אותו, לימדו להבין ולאהוב אותו. שאו אותו והוא יישא אתכם, ויהי רצון שבבוא העת תצליחו בתורכם להעביר אותו לילדיכם. כי אתם צאצאים לעם נצחי, אות במגילתו. תנו לנצח שלו לחיות בתוככם.

על אודות המחבר

הרב לורד יונתן זקס (תש"ח–תשפ"א, 1948–2020) היה מנהיג דתי, הוגה דעות, כותב עטור פרסים וקול מוסרי מוערך, בעל שיעור קומה בין־לאומי. בין השנים 1991–2013 כיהן כרב הראשי לקהילות היהודיות בחבר העמים הבריטי. חתן פרס טמפלטון לשנת 2016 על "תרומות יוצאות דופן להכרה בממד הרוחני של החיים". מלך בריטניה צ'רלס השלישי, תיאר אותו כ"אור לגוי שהוא אנחנו", וראש ממשלתה לשעבר טוני בלייר הגדירו "ענק אינטלקטואלי". הרב זקס היה מרואיין תדיר ומבוקש ברדיו, בטלוויזיה ובעיתונות, בבריטניה ובעולם כולו.

תחילת דרכו המקצועית הייתה באקדמיה, בתחום הפילוסופיה של המוסר. הוא סיים בהצטיינות יתרה תואר ראשון בקולג' גונוויל אנד קאיוס בקיימברידג', אצל ברנרד ויליאמס, ותואר שני אצל פיליפה פוט בניו קולג', אוקספורד. הוא החל להרצות על פילוסופיה יהודית בג'וז קולג', כיום בית הספר הלונדוני

למדעי היהדות, ולימים עמד בראשו. את עבודת הדוקטור שלו, בתחום האחריות הקולקטיבית, כתב בקינגס קולג' בלונדון. היה פרופסור לפילוסופיה בכמה אוניברסיטאות.

בעודו מנהל קריירה אקדמית זו פנה, בהשפעת הרבי מלובביץ', ללימודים ישיבתיים וללימודי רבנות. הוא למד בג'וז קולג' ובישיבת עץ החיים, והיה תלמידו המובהק של הרב נחום אליעזר רבינוביץ'. כיהן כרב בבתי כנסת מרכזיים בלונדון, עד שנתמנה לרב הראשי. עם כניסתו לתפקיד זה הכריז על "עשור של התחדשות" ביהדות בריטניה, והתמקד בהעצמת החינוך היהודי וההמשכיות היהודית. החל בעשור השני לכהונתו פרסם מדי שבוע את שיחתו לפרשת השבוע 'שיג ושיח', הנשלחת עד היום לרבבות מנויי דוא"ל בכמה שפות. לאורך השנים הרבה לפעול גם בתחום השיח הבין־דתי, ועמד בקשרים עם מנהיגים דתיים ופוליטיים בכירים. הערכת הממסד הבריטי כלפיו התבטאה בין היתר במתן תואר אבירות ותואר לורד. לאחר פרישתו היה מרצה באוניברסיטאות בבריטניה ובארה"ב.

הרב זקס פרסם 43 ספרים; בשני העשורים האחרונים לחייו הגיע לקצב של ספר לשנה, או ליתר דיוק ספר לחופשת קיץ. מספריו שזכו לתהודה רבה במיוחד ובפרסים בין־לאומיים: 'רדיקלית אז, רדיקלית עכשיו: מורשת הדת העתיקה בעולם', 'לכבוד השוני: כיצד נוכל למנוע את התנגשות התרבויות?', 'לרפא

עולם שבור: האתיקה של האחריות', 'השותפות הגדולה: הדת, המדע והחיפוש אחר משמעות', 'לא בשם האל: אל מול האלימות הדתית' ו'מוסריות'. הוא תרגם את הסידור ואת מחזורי התפילה לאנגלית, וכתב להם ביאורים. ספריו המציעים, כלשונו, את קולה של היהדות בשיחה הכלל־אנושית עוררו עניין רב בציבור היהודי ושאינו יהודי ברחבי העולם. ספריו על פרשות השבוע ועל המועדים אהודים בקרב שדרות רחבות של קוראים יהודים וישראלים. בישראל ראו אור ספריו אלה ואחרים בהוצאת מגיד, ועוד היד נטויה.

הרב זקס זכה לאורך השנים ב־21 תארים אקדמיים לשם כבוד, והחזיק ב־17 עיטורי כבוד, בהם תואר "דוקטור ללימודי האלוהות" שהעניק לו הארכיבישוף מקנטרברי במלאות עשר שנים לכהונתו כרב ראשי. כן זכה בין היתר בפרס ירושלים לשנת 1995 על תרומתו לחיים היהודיים בתפוצות, ובפרס כץ כהכרה בתרומתו ליישום ההלכה בחיים המודרניים ב־2014. הוא היה נשוי לאיליין במשך חמישים שנה. יש להם שלושה ילדים, ונכדים רבים.

מספרי הרב זקס בעברית

אני מאמין: קריאות חדשות בפרשת השבוע, תרגם: צור ארליך, ירושלים: ספרי מגיד, קורן, 2024

בלשון עתיד: חזון ליהודים וליהדות בתרבות הגלובלית, תרגם: צור ארליך, ירושלים: ספרי מגיד, קורן, 2021

הבית שאנו בונים ביחד: בנייה מחדש של החברה, תרגמה: ברוריה בן־ברוך, ירושלים: ספרי מגיד, קורן, 2024

השותפות הגדולה: הדת, המדע וחיפוש אחר המשמעות, תרגם: צור ארליך, ירושלים: ספרי מגיד, קורן, 2013

לא בשם האל: אל מול האלימות הדתית, תרגם: צור ארליך, ירושלים: ספרי מגיד, קורן, 2016

לכבוד השוני: כיצד נוכל למנוע את התנגשות התרבויות?, תרגם: צור ארליך, ירושלים: ספרי מגיד, קורן, 2018

לרפא עולם שבור: החיים כקריאה לאחריות, תרגם: צור ארליך, ירושלים: ספרי מגיד, קורן, 2010

מוסריות: שיקום הטוב המשותף בעידן מפולג, תרגם: צור ארליך, ירושלים: ספרי מגיד, קורן, 2022

מועדים לשיחה: קריאות חדשות בחגי ישראל, תרגם: צור ארליך, ירושלים: ספרי מגיד, קורן, 2019

פסח על שום מה? הגדה של פסח בביאור ובתוספת מאמרים, תרגמה: ברוריה בן־ברוך, ירושלים: ספרי מגיד, קורן, 2015

רדיקלית אז, רדיקלית עכשיו: מורשת הדת העתיקה בעולם, תרגם: מנשה ארבל, ירושלים: ספרי מגיד, קורן, 2016

רעיונות משני־חיים: קריאות חדשות בפרשת השבוע, תרגם: צור ארליך, ירושלים: ספרי מגיד, קורן, 2021

שיג ושיח: קריאות חדשות בפרשת השבוע (שני כרכים), תרגם: צור ארליך, ירושלים: ספרי מגיד, קורן, 2017

שיעורים במנהיגות: קריאות חדשות בפרשת השבוע, תרגם: צור ארליך, ירושלים: ספרי מגיד, קורן, 2023